붉은 햇살 품은 나이테

창조문예
산문선
004

김연주 수필집

붉은
햇살 품은
나이테

창조문예사

작가의 말

나는 어디쯤 와 있는가

내 안에 서성이던 추억 하나, 둘
모여 앉아 피워내는 이야기꽃
주섬주섬 주워 담아본다

삶의 여정을 힘껏 이겨 내고
나 아닌 너가 되었던
그 흔적이 살아나
나를 보듬는다

내가 꿈꿨던 그 아이는 어디에 있으며
그가 그리던 나는 어디쯤 와 있는가
아직도 잘 모르는 채로
미지의 땅을 향해
가고 또 간다

2025년 7월 초록으로 물든 날
김연주 삼가

차례

작가의 말 • 5

1부_ 끝나지 않는 이야기

10 끝나지 않는 이야기
15 지고 살며 주고 살자
21 어머니 별
25 코로나19와 백신
30 공부가 행복한 사람
35 까세 육필시화집
39 은은한 꽃향기
43 고운 햇살이 내리는 발길

2부_ 별 헤는 언덕

48 아름다운 배려
53 별 헤는 언덕
59 국어 순화 – 마약밥
63 오월, 장미의 응원
68 아파트 숲속에 찾아온 아름다운 소리
74 풀꽃 이야기
79 격세지감隔世之感
84 말이 곧 마음

3부_ 붉은 햇살 품은 나이테

- 90 　상선약수上善若水
- 94 　눈부신 봄날에
- 98 　아들이 준 반려 식물
- 103 　붉은 햇살 품은 나이테
- 107 　전라도 춤 이야기
- 112 　풀각시의 꿈
- 116 　맑은 거울 하나
- 120 　추억 한 보따리

4부_ 우리의 소원은 통일

- 126 　산과 호수와 구름 – 노르웨이, 〈솔베이지의 노래〉의 고향
- 131 　백야의 도시 – 핀란드 헬싱키
- 136 　안데르센의 나라, 덴마크
- 141 　우리의 소원은 통일
- 145 　독일, 하이델베르크 성
- 149 　아름다운 도시에 갈매기가 난다
- 154 　독일의 도시를 둘러보다
- 162 　한국어를 잘하는 경비원
- 166 　뮌헨 – 시간이 느리게 여행하는 곳

5부_ 꿈을 좇는 어른 아이

172 거울 속에 핀 엄마 꽃
177 살맛 나는 아파트
181 아가페정원을 찾아서
185 따꽃
189 버스가 곧 내 발
194 딸각 각시와 뜯개 각시
199 말의 힘
203 꿈을 좇는 어른 아이

1부

끝나지 않는 이야기

끝나지 않는 이야기

　고령사회의 일원이 된 나를 돌아본다. 언제 나이를 먹었는지 한심하다는 생각이 들면서도 정작 내가 늙어간다는 걸 모르고 있다. 늙는다는 것은 자연의 이치지만 어떻게 늙느냐가 관건이다. 누군가의 "늙기는 쉽지만 아름답게 늙기는 어렵다"라고 한 말이 머리를 스친다.
　아름답게 늙기 위해서 먼저 노년의 가장 큰 적은 무엇일까. 생각해 보니 대표적인 요인으로 첫째는 '무료함' 둘째는 '소외감'이 아닌가 싶다. 여러 가지로 공감이 되는, 노인의 당면 과제를 극복해 낼 수 있는 충고의 말들이 많이 있지만 자기만의 세계가 없으면 더 빨리 늙지 않을까, 하는 생각이 든다. 내가 선택한 건 새로운 도전을 시도하는 것이다. '아름답고 용기 있는 나'라는 최면을 스스로에게 걸면서 결심한 것은 '동시' 공부였다.

　손주들도 어지간히 컸고 막내 손자까지 학교에 들어가 내가 보살펴야 할 손길도 많이 줄었다. 이제는 기왕 하고 싶은 동심의 세계에서 그냥 노닐어보는 일도 그리 나쁘지 않겠다는 생각이 들고 내 나름대로 작은 성취감에도 만족하는 기회를 만들며 살아가는 게 늙지 않는 기술이라는 생각도 든다.

　두 번째 수필집을 낸 후 글 쓰는 환경의 좀 석연찮은 변화로 글을 쓰지 못해 힘들었고 다시 글쓰기를 시작하겠다고 마음먹기까지는 더 힘이 들었다. 나의 글쓰기는 처음부터 늦깎이로 더디더디 꽃을 피운 셈이다. 나 자신을 수련하기 위해 용기 있게 또 하나의 새로운 도전을 하기로 마음을 먹으니 두려움 반 설렘 반이다.

　손자 손녀들의 모습이 떠오르며 아직도 내 손길이나 마음결이 필요한 구석이 있을 것 같아 마음이 흔들렸다. 그러나 그 귀엽고 아름답던 순간 함께했던 몇 편의 동시와 동화가 속삭이며 자기와 놀자고 내 손을 잡아끈다. 행복하고 소중했던 지난날들이 스치듯 지나가며 추억 또한 그 속에 버무려 있음을 일깨워 준다.

　시작이 반이라고 내가 찾은 곳은 전북문학관 아카데미 동시반이다. 내 마음 길에 순응하며 새로운 집을 하나 지으려는 나에게 그곳 동심회원들과의 만남은 행운이었다. 소심한 나를 달래며 용기를 낼 수 있게 도와준 친구들과 회원들 덕분에 얼떨결에 동시라는 고운 무지개를 따라 동시의 세계로 빠져들었다.

　어쩌면 늦둥이 손자를 둔 나만의 행복이었는지도 모르겠다. 행복은 꿈꾸는 자만이 얻을 수 있다 했던가. 기쁨으로 각양각색의 꿈을 지닌 손자들을 보면서 지난날에 대한 회한과 아쉬움 또한 만만치 않았다. 그네들과 같은 꿈에 젖어 그들의 상상 속에 나를 집어넣어 꾸며보는 재미도 쏠쏠했다. 손자들의 행동이나, 툭툭 튀어나오는 끼, 지칠 줄 모르는 상상의 세계를 같이 느끼면서 가슴이 뭉클하기도 했다. 꿈꾸기에 활발한 손자들의 미래에 편승한 듯 뿌듯함에 밤잠을 설치기도 했다. 손자들과 함께한 날은 때론 한 편의 동시를, 때론 동화를 만드는 기분이었다. '그래, 바로 이거야.' 손자들의 말 한마디, 부잡스러운 행동들이 나의 마음을 사로잡기 시작했다. 할머니에게 한 꼭지씩 동시를 선물하는 손자들이 나에게 영감을 주고 용기를 갖게 한 원동력이 되었다. 이제야 단조롭고 밋밋하게 이어지던 삶을 뒤로하고 그릇에 담겨있는 물처럼 담긴 그대로 마음을 비우고 동심 꽃밭을 가꾸기 시작했다.

참 오랜만에 생각에 잠겨본다. 말[言]을 그림처럼 그려놓은 것이 '동시'라 했던가. 바싹 메마른 머릿속에 자양분이 흐르고 새살이 돋는 느낌을 받았다. 실오라기 같은 섬광이 번득이며 나의 갈증을 치유해 주듯 누구보다 위대한 동시 작가가 되는 순간들이다.

기쁨을 가득 담아야 행복하다지만 내가 하고 싶은 일을 한다는 것처럼 더 좋은 행복이 또 있을까. 세상에서 가장 값진 선물을 선사한 나의 보물들이 있어서 동심의 날개를 달게 되었다. 동심으로 돌아가는 즐거움을 누리게 해줬고 아이들과의 교감은 기쁨으로 이어졌다. 그냥 바라만 보아도 예쁜 아이들을 보면 활력이 생기고 마음마저 맑아지는 명약이 되었다. 초롱초롱한 눈망울, 쫑긋거리는 귓불을 보면서 눈을 맞추고 상상의 세계로 빠진 지난 일이 새록새록 싱그럽게 돋아났다. 열정이 있는 한 늙지 않는다지 않는가. 내심 내 능력을 찾으려고 동시 밭을 가꾸면서 내 속에 숨어있는 가능성을 캐내는 심정으로 아주 열심히 최선을 다했다.

한 방울의 이슬방울이 모여 바다를 이루듯 꿈을 이루기 위해 늦깎이로 공부하는 노년의 아름다움을 널리 알리고 싶었다. 우물도 한 우물만 파야 한다고 했는데 잘 한 일인지 답답한 마음만 나를 짓누르고 있었다. 이제 시작했으니 결과를 봐야 할 게 아닌가. 한 작품을 쓰더라도 잘 써야겠다는 과욕을 비우고 우선 동심으로 돌아가 많이 관찰하고 느끼는 중 미세한 감感 하나를 포착해도 글로 그림으로 표현해 보자는 다작을 목표로 했다. 어느 날부터인가, 막혔던 글 광鑛이 뚫어졌는지 생각지도 않은 글들이 줄줄 나오기 시작했다. 열망했던 꿈들이 나풀거리며 내 머릿속으로 들어와 날아다녔다. 눈을 감고 생각에 잠기면 눈앞에 깨알 같은 글들이 까맣게 박혀있다. 잘 알아볼 수 없는 글자들이지만 알락달락 저마다 꿈을 꾸고 있다. 눈만 감으면 동시가 나타나는 환상에 빠졌다. 내가 미쳤나 하는 의구심이 들 정도로 온 신경이 곤두세워지고 글쓰기에 빠지게 되었다. 미치지 않고는 이렇게 글을 쓸 수 있을까. 머리가 빙빙 돌 정도로 밤낮을 가리지 않았다. 잠을 자다가도 눈이 떠지면 또 붙잡고 고치고 또 고치면서 차곡차곡 글 이랑을 가꿔나갔다. 번득번득 빛나는 시어를 찾으면 보석을 캔 것처럼 즐거웠고 내 몸이 반짝이는 듯했다. 새로운 생각이 떠오르고 글이 이어질 때의 기쁨은 나의 도전을 축하해 주듯 온 누리가 환해지는 느낌이 들었다. 쓰고 지우고 또 지우기를 몇 수십 번 반복하며 쓰는 동안 순수한 손주들과의 생활 경험 이야기 속에서 갖가지의 꽃송이가 피어나고 밤하늘의 별이 되었다. 날마다 시 한 편씩 건지는 소원을 풀 수 있었다.

동시가 점점 불어나니 욕심이 생기기 시작했다. '동시집을 내 볼까. 에이, 무슨 책이야. 이제 겨우 걸음마를 떼면서.' 생각지도 않은 동시집 욕심이 나올 정도로 글이 모아졌다. 무슨 자랑일까만 나이 팔순이다. 어려서부터 몸이 약했던 내가 살금살금 걸어온 길에서 산수傘壽와 맞닥뜨려 백세시대의 초입에 들어선 것이다. 마침 자식들의 권유가 부채질하니 팔순 기념으로 동시집을 내는 것도 보람 있는 일이라는 생각이 들었다.

수없이 쓴 동시 중에서 고르고 골라 팔순에 맞춰 갑자기 서둘러 낸 책이 『작은 꽃별들』이다. 앞표지는 꿈이 많은 일곱 번째 외손자 박경도, 뒤표지는 남다른 끼를 발산해서 우리를 기쁘게 하는 여섯 번째 외손자 박민규가 그려주었다. 책 내용은 자식들이 내게 준 가장 귀한 선물인 손자들의 끼를 그린 작품이다. 내용의 수준을 논하기에 앞서 나도 내 귀한 자식들과 그들이 내게 준 소중한 보물들에게 손주들 말대로 기찬 선물 하나 했다고 스스로 위로한다. 거기에다 또 선후배, 동료들의 격려라는 덤도 얻고 보니 일석이조一石二鳥다.

내 후반 인생의 꽃은 생각지도 않은 동시집 한 권으로 환히 피었다. 행복은 멀리 있는 게 아니라 아주 가깝게 있다는 진리를 또 한 번 깨닫게 해준다.

꿈은 이루어진다는 꿈 하나의 힘으로 동시는 물론 동화 밭도 같이 가꾸고 싶은 꿈을 갖고 다시 꿈을 꾸는 중이다.

지고 살며 주고 살자

 몇 년 전, 부부 모임을 하는 날이다. 승용차로 나누어 타고 유명하다는 맛집을 향해 고속도로를 달리고 있었다. 젊은 시절에 남편들끼리만 하던 모임을 퇴직하고 시간의 여유가 생기니 의기투합이 쉬웠던 듯하다. 부인들도 불러 합세시켰다. 남편 주변 친구들과 가진 모임이라 부인들끼리는 거의 다 모르는 처지였다. 처음에는 서먹서먹했으나 남편들의 친구여서인지 곧바로 친근해져서 몇 번 모임 끝에 여기저기 관광도 했다. 점차 유명한 맛집을 찾아 섭렵하는 사이가 되면서 분위기는 부드럽고 화기애애해졌다.
 어느 날, 모임을 시작한 지 족히 1년은 지난 뒤였을 것 같다. 옆에 앉은 사모님에게 한 통의 전화가 왔다. 옆에 앉았으니 통화 내용이 들릴 수밖에. 한순간 나의 귀가 쫑긋거렸다. 동명이인인가? 전화 속에서 거론되는 이름이 귀에 익었다. 사모님은 통화를 마치고 미안한 듯 여고 친구라는 말을 남겼다. '여고 친구? 그렇다면 사모님이 나와 동창?' 혹시 하는 마음에 나도 모르게 "전주여고 나오셨어요?" 반가운 마음에 내 목소리가 컸는지 다른 사모님들이 의아한 표정으로 보고 있다. 이야기를 나누다 여고 동창임을 확인하는 순간, 아, 이럴 수가, 몇 번이나 만나는 동안 동창을 서로 몰라보다니 격세지감이 일었다. 기쁨과 어색함이 교차되었지만 금세 새로운 삶의 기폭제 같은 환희의 빛이 별처럼 쏟아져 내리던 젊은 날로 돌아가 얼굴빛이 붉어졌다.

언젠가 백두산 여행을 다녀올 때도 몰라보고 그녀를 사모님으로, 이사장님으로 서로 존대하며 우린 그렇게 좋은 인연으로만 지내고 있었다. 구름 속처럼 희끄무레 잊혔던 젊음이 언뜻언뜻 스치며 서로 맞잡은 손에 땀이 차도록 마냥 반가웠다. 동승한 사모님들도 모두 한바탕 웃음으로 축하해 주어 고마웠다. 겉으론 흔연하면서도 마음속으로는 부끄럼이 일었다. 졸업과 동시에 뿔뿔이 흩어진 이후로 진학한 학교도 몸담은 직장도 다르니 절친도 남같이 되고 고향을 떠나 직장에서 같이 지내는 동료들과 어울릴 수밖에 없었다. 그러느라 그동안 동창들과 만나지 못하고 따라서 까맣게 잊고 살았다. 참 무심하게 세월을 보냈다. 그러니 반세기가 넘어서 만난 셈이 아닌가. 그녀를 위시해 다른 동창들은 모임을 가지며 서로 교류하며 옛 우정을 다지고 있었다고 한다. 나는 뭐 하느라 수년째 서로 만남을 이어오는 줄도 몰랐을까. 사는 게 나만 바쁘고 힘들었을까. 그들 모두 아끼는 삶이 있었고 베풀어야만 하는 세월이 있기는 마찬가지였을 텐데 여러 가지 회한이 줄줄이 따라 나온다. 객지에서 직장 생활을 시작하고 직장에서 집으로 오가며 우렁각시처럼 살아온 나와는 달리 가정만을 지키며 우아하게 현모양처로 살아가는 동창들의 모습이 부러울 때도 있었다. 삶의 수레바퀴를 벗어나지 못해 좀처럼 친구들을 만나지 못한 지난날의 야속함도 허전함도 세월 속에 묻어 버리려니 가슴 한구석이 아리다. 긴 세월 동안 소식을 모르고 있었던 몇몇 친구들의 소식도 들을 수 있어 기쁨이 두 배로 늘었다. 이 친구는 몇몇 친구들과 50여 년이 넘게 동창회를 소리 없이 이끌어 왔다고 한다. 동창회에 나오라고 쉽게 말들 하지만 오랫동안 만나지 못한 동창들을 만나기 위해 뒤늦게 나간다는 게 나로서는 그리 쉬운 일은 아니다.

어떤 친구들이 모일까. 어떻게 변해 있을까. 그들은 주름지고 일그러진 내 모습을 알아볼까? 걱정이 앞선다. 전국 방방곡곡으로 흩어진 동창들의 소식도 궁금했다. 만나고 싶은 친구들이지만 왠지 망설여지고 선뜻 내키지 않았다. 뭐 보여줄 게 있다고, 뭘 얼마나 잘 살아왔다고 그네들 앞에 뒤늦게 나타나 무슨 말을 할 것인가. 머릿속으론 친구들이 하나, 둘 스친다. 막상 만나면 기억하고 반가워해 줄까? 걱정이 앞섰다.

앨범을 찾아보니 아직도 마음이 소녀 같은 친구들의 밝은 얼굴이 새롭게 떠올랐다. 그냥 눈 딱 감고 나가볼까. 이리 마음을 굳히니 만남의 기쁨과 희열이 내 마음을 온통 흔들어댄다. 흉허물없던 때의 친구들을 만날 수 있는 날을 고대하며 잠이 들어서인지 밤새 꿈속을 거닐었다. 꿈속에선 발도 빨랐으며 잘 웃었다. 검은 교복에 빳빳하게 풀을 먹여 다린 하얀 깃, 영란 배지와 백선을 달고 웃음꽃이 만발했던 여고 시절이다. 오목대 아랫(현 라한호텔)자리다. 전주여자고등학교 교문을 들어선다. 팔을 한껏 펼친 히말라야시다와 소나무 등 상록수가 상큼하게 초록빛을 띠고 맞아준다. 참 조용하다. 여학생들의 깔깔거리는 웃음소리도, 언덕 위 기차의 가쁜 숨소리와 기적소리도 들리지 않는다. 아무도 없는 교정을 둘러보려니 단짝 친구들의 얼굴이 무슨 말인가 속살거리며 마중 나온다. 그런데 나는 어디쯤 있을까. 나는 지금 그곳에 없다. 지금은 이곳 세월의 뒤안길에서 꿈을 꾸고 있다.

어느 날, 나의 소식을 알게 된 동창회 임원들이 전화로, 엽서로 동창회 안내를 해주어 주저 없이 동창회에 나갔다. 몰라보면 어쩌나 했던 생각은 기우였다. 참 오랜만의 해후였다. 까마득하게 잊고 살았던 친구들을 한꺼번에 만날 수 있었다. 서먹서먹한 건 잠시, 꿈을 꾸며 꿈속에 살던 그때의 모습들이 그대로 우러났다.

기존 회원들의 소개가 시작되며 까르르까르르 웃음 몇 번에 오랜 세월을 훌쩍 뛰어넘는다. "연주야, 너 지금은 뭘 연주하나?" 내 별명을 잊지 않고 불러준다. 자신의 삶을 지나온 나이테를 감출 수는 없지만, 단발머리 소녀 시절 얼굴이 깡그리 사라진 건 아니어서 희미하게나마 알아볼 수 있었다. 몰라보면 어쩌나 걱정했던 예감은 빗나갔다. 기억도 그리 많이 퇴색하지 않았고, 소녀적 감성도 그대로다. 그리고 각자 삶의 방식이 조금씩 달랐을 뿐인데 지난 세월의 아름다운 기억들을 성숙시키고 있었다. 세월의 맛과 추억을 더듬는 편안하고 따뜻한 시간이 아닌가.

세월이 변하면 사람도 변한다는 말처럼 키가 작았던 친구들이나 키가 커서 올려다보던 친구들도 고만고만하게 비슷해져 있었다. 다

같이 세월의 흔적이 선명했다. 기억 속에서는 언뜻 이름과 얼굴이 같이 떠올랐다. 정겨운 얼굴도 세월이 흘렀지만 서로 알아본다는 게 참 신기했다. 더욱 생생하게 기억되던 짝꿍을 만나서 더욱 기뻤다. 어찌 잊고 살았던가. 잡은 손의 따스함이 모든 말을 대신해 주는 듯하다.

늦게라도 나타난 나를 반겨주는 친구들이 고마웠다. 33명의 친구가 모여 반듯한 동창회를 시작했다. 회순에 따라 출석도 부르고 교가 합창에 이은 총무의 꼼꼼한 동창회 소식—그동안 이들은 물심양면으로 좋은 일을 하고 있었다. 함께했던 이런저런 추억 보따리를 풀며 친구들의 세세한 살핌으로 격세지감이 없이 곧바로 동화되었다. 마침 서울에 사는 친구가 보내준 봄나들이에 알맞은 노란 조끼와 28회 동창회 수첩까지 받게 되었다. 수첩엔 각 곳에 흩어져 사는 동창들의 연락처가 빼곡히 적혀있어 더욱 반가웠다. 그저 그대로 만큼만 건강해서 오래오래 만날 수 있었으면 좋겠다. 직장과 가정에 얽매어 숨 가쁘게 너무도 먼 길을 홀로 걸어온 세월의 아쉬움을 뒤로하고 친구들과 여고 시절로 돌아가 하루를 어린 듯, 철없는 듯 마음을 놓을 수 있었다.

이제 할머니들이 되어있으나 길에서 만나도 그냥 지나칠 친구들은 없을 것 같다. 더 나이에 휘둘리지 않고 모두 함께 건강하기를 기도한다. 그사이 하나, 둘 빠져나간 친구들이 있다니 서운하다. 앞으로는 아무리 바쁘고 할 일이 많아도 친구들이 부르면 버선발로 달려가야 하겠다는 다짐 같은 약속을 한 후 지금까지 어기지 않았으니 근래에 내가 한 일 중에 가장 잘 한 일이라 생각이 든다.

나와 동창회의 가교가 된 친구는 중학교 법인 이사장이다. 뜻있는 일을 하면서 남에게 베풀기 좋아하는 친구 내외를 만나는 날이면 어김없이 좋은 말과 함께 여러 가지 새로운 삶의 방식을 배운다. 그중 "지고 살며 주고 살자"라는 말 또한 나와 동감을 이끌기에 충분했다. 어쩌면 황혼의 언덕에 서서 지난날을 되돌아보며 나에게 많은 것을 생각하게 했던 말이 지금도 귓가에 맴돈다. 사느라 바빠서라는 이유 말고도 내가 찾아낸 핑곗거리는 많다. 그러나 꼭 그래서였을까. 생각해 보면 놓치고 지나온 일들이 많다. 부처님 말씀에 보시 중 마음 보시가 우선이라 했는데 그 말이라도 실천했을까. 나 혼자만의 아성에 가둬 놓은 나를 몇 번이나 반추해 보았을까. 나는 씁쓸한 향기만을 풍기는데 마음의 여유로움을 품어선지 친구는 은은한 향기를 품고 피어난 은방울꽃(우리의 고등학교 모교의 교화) 같다. 아름답고 넉넉한 마음씨를 지닌 덕성스러운 친구와의 만남은 아득한 그리움과 추억을 되새김하게 한다. 앞으로도 여생을 얼마나 겸손하게 살다 가야 하는지를 일깨워 준다. 인생 내리막길에서 귀감이 되는 친구가 곁에 있다는 것은 얼마나 큰 행운인가.

어머니 별

그건 분명 꿈이 아니었다. 그토록 고대하던 별을 만난 것. 창문 유리를 통해 들어오는 새벽빛이 나를 어딘지 모를 별 밭으로 들어 올렸을까. 곤한 밤을 지새운 햇볕 쨍쨍한 대낮, 분명 낮인데 별 하나 크게 반짝이고 뭇사람들이 몰려들어 우러르고 있다. 사람들로 북적이나 침묵하고 있는 것은 아닌데 조용하고 수려한 기운이 흐르는 그쪽은 그야말로 새로운 세계, 유토피아를 연상케 한다. 하늘에 있던 별은 모두 땅으로 내려와 사람이 된 듯, 소리도 없이 은은한 별빛을 품었다.

그들이 모두 한쪽을 향해 낮별 바라기를 하는 조용한 웅성거림을 안은 땅에 한 줄기 빛이 섬광처럼 내리꽂힌다. 그 하나의 별이 내려온 것인가. 내가 딛고 서 있는 곳은 땅인가 하늘인가, 아니면 어느 허공을 부유하고 있는가. 나는 가벼이 바람이 된 듯싶고 그 빛이 나를 감싸안았는지 빛이 내 안으로 들어와 빛과 한 덩어리가 된 듯도 싶다. 환하고 밝은 빛이지만 눈부시지 않고 따스한 빛 덩어리다. 내 곁인 듯 나인 듯 서성이더니 한 여인의 모습이 되며 슬며시 하늘을 향해 오른다. 아, 어머니, 아늑한 빛을 길게 끌며 내 곁을 스치듯 사라지더니 다시 하늘에서 깜박이는 별이 된다. 별빛 사람들도 하나,

둘 따라 하늘로 올라 다시 반짝거리는 뭇별이 된다. 깜박 정신이 들어 눈을 떠보니 꿈이었다.

건강하고 총기 백배했던 어머니. 세월이 흘러 백수白壽 무렵 어머니는 꿈에 갓을 쓴 남자가 나타나 따라오라 해서 기를 쓰고 뿌리쳤다는 이야기를 들려주셨다. 그 후로 어머니는 가끔 생각이 나는지 그 이야기를 자주 꺼내셨다.
"그 사람이 누군데요?"
"나도 몰라, 전혀 모르는 사람이야."
딸들이 곁에 있어도 세월에 부대끼며 생긴 버릇으로 혼잣말처럼, 연이어 한마디씩 하신다.
"왜 이렇게 안 데려가는지 모르겠다."
"아니, 엄마가 안 간다고 했는데 누가 데려가요."
"그런가? 그땐 그랬어도 이젠 가야지."
"안 간다고 하셨으니, 그분들도 이제 안 올걸요? 이제 다시 와서 손 잡아끌어도 안 간다고 하셔요."
"아니, 이제는 그만, 가야지."
말씀은 그리하셨어도 쓸쓸한 웃음을 지으셨던 것 같다.
준비는 평생 했는데 새삼스레 또 무슨 걸러낼 것이 있었으랴만, 물거품처럼 사라지는 어렴풋한 생生과 결코 돌이킬 수 없는 사死의 갈림길 앞에서, 아둔한 말로 백수를 넘기신 어머니를 격려하며 주고받은 담담한 농담이었다. 여느 부모들처럼 자식들에게 짐이 되지 않으려는 마음이었으리라. 나 또한 그 나이보다 훨씬 못 미쳐도 그러한데 백수를 넘기는 회한이야 얼마나 많았을까 감히 짐작만 할 뿐이다.

요양보호사의 따뜻한 보살핌을 받아서인지 정신은 참 밝으셨다. 성경을 읽고 찬송가를 부르며 지난 추억을 회상하면서 이야기꽃을 피우며 꼿꼿하게 몸을 가누려 애쓰셨다. 백여 년의 삶 속에서 결코, 순탄치만은 않았을 터. 꼿꼿한 모습으로 7남매를 키우셨으니 그 강인함으로 당신의 건강도 지키셨다. 건강 복을 타고도 나셨겠지만, 어머니는 병원 신세를 별로 지지 않고 매일매일 규칙적으로 집안일도 손수 척척 해내시며 무병장수하셨다. 그러나 항상 내 곁에 있어 줄 줄 알았던 어머니는 상수上壽를 넘긴 다음 해, 새로 한 살이 되던 여름에 앞서가는 세월 더는 이기지 못하고 아침 밥상을 물리시더니 잠을 자듯 이승의 인연 끈을 놓으셨다. 호상이라고 스스로 위로하고, 받았지만 나에게도 노쇠해지는 세월이 거듭될수록 새록새록 엄마 생각이 난다.

어머니에게도 어머니가 필요하다 했던가. 어머니는 100여 년의 시간을 반추하며 홀로 가는 길이 얼마나 쓸쓸했으랴. 꿈에서라도 한 번쯤 뵐 수 있으리라 생각했지만 1년여가 넘도록 풋잠 속의 짧은 만남도 허하지 않으셨다. 지극하지 못한 내 정성을 탓하며 그저 서운하게 해드린 일들이 많아서인가 혼자 자책하기도 했었다. 오늘 밤엔, 오늘 밤엔 하며 꿈에서라도 보고 싶은 어머니를 만나기 소원하며 잠을 청하곤 했다. 기억의 한편에서 슬몃슬몃 멀어지던 어머니,

그런 나를 일깨우기라도 하듯 만남이 이루어진 것이다.

먼 길 떠나신 지 373일 만에 꾸게 된 첫 꿈. 너무 아름다워 눈을 뜰 수가 없다. 겨우 만난 어머니의 모습을 잃어버릴까 봐 눈 질끈 감고 새벽빛을 모른 체하고 있었다. 그러느라 늦으셨구나, 별이 되시느라 이제야 꿈속에 현현하셨구나. 분명 내 어머니셨다. 언젠가, 밤하늘 별빛을 우러르며 죽음 뒤엔 별이 되면 좋겠다고 하시던 소원이 이루어졌을까. 늦게라도 별이 되어 오신 어머니의 모습에서 비로소 안도의 숨을 쉴 수 있었다. 그간 궁금하고 보고 싶고 듣고 싶었던 어머니의 근황을 꿈속에서나마 알게 된 듯해서 오랫동안 그 꿈속에 머물고 싶었다. 비록 모든 꿈은 예지몽이라 하여도 생전에 원하시던 그대로 별이 되어 어두운 세상을 비추고 계시리라 믿고 싶다.

나는 다시 혼자가 되고 첫새벽 빛이 유리창을 뚫고 내 삶터를 들여다볼 때까지 눈을 뜨지 못했다. 어머니 가신 후 처음으로 다녀가신 꿈속에 그대로 두고 온 그리움과 반가움이 남겨놓은 아쉬움은 나를 꼼짝 못 하게 여명 속에 가둬버린 것이다.

코로나19와 백신

코로나바이러스 감염증 19. 2019년 12월 중국 우한에서 발생한 생소한 바이러스가 전 세계로 확산되었다. 우리나라도 예외 없이 온 국민이 공포에 떨며 기다리고 있다. 호흡기 감염 질환이라고 눈으로만 소통하며 맑은 공기 한 숨 마시지 못하고 얼굴을 반절쯤 가린 마스크로 걸러진 공기에만 안심하며 일상생활에 브레이크가 수도 없이 걸리는 속에서 상당 부분을 포기하며 기다린다. 마스크를 벗고 두 손을 활짝 펴고 악수하며 여럿이 마주 앉아서도 파안대소할 날을 거리 두기, 손 씻기, 5인 이상 사적 모임 금지 등 개인위생 수칙을 철저히 지키려 노력하며 기다린다. 그럼에도 신규 확진자는 급속도로 늘고 있다. 개인은 물론 진단 검사와 방역 대책에 만전을 기하고 있는 의료진의 정성에도 갈수록 확진자가 늘어나고 있다. 전국적으로 600~700명이라는 부담스러운 숫자가 4차 유행의 진입이라는 두려움을 주고 있는 듯하여 걱정이 크다. 외국도 진전과 후퇴를 반복하고 있으니 우리 교민도 걱정이고 그 나라 국민을 통해서 또 다른 변이 바이러스의 확산을 모두 두려워한다. 또 우리나라라고 해서 변이가 이루어지지 말라는 법도 없으니 더욱 두렵다.

그런 속에서도 봄은 오고 꽃도 피고 잎도 제 색을 품는다. 그러나 향기조차 마스크로 가려야 하니 그야말로 '춘래불사춘春來不似春'이다. 지구의 반란과 말도 못 하고 핍박받던 선량한 미물(그 미물에게 꼼짝 못 하는 만물의 영장이라 자칭하는 인간이 일방적이고 고압적으로 붙여준 이름이다)들이 치켜든 반기로 인해 모든 것이 꽁꽁 얼어버렸다. 집 안에서만 꼼지락거릴 뿐 활발하게 활동할 수 있는 건 아무것도 없다. 평범하게 흘러가던 세상살이에 눈을 돌릴 여유가 없다. 이렇게 사람들의 마음과 일상은 피폐해 가는데 그러거나 말거나 인적 드물어진 자연은 예년보다 활기로울 것 같다. 무작정 쏟아져 나와 함부로 짓밟고 버리고 가져가고 변질시키며 상처를 내던 눈엣가시가 어깨를 움츠리니 조금씩 신바람을 되찾지 않을까. 그래서 그런지 바깥세상이 예년보다 더 아름다워 보인다. 왠지 지금은 더 소중하게 여겨진다. 그래도 이쯤 되었으니 저 들도 북적이던 사람꽃들이 슬며시 그립지 않을까. 속없이 그리해주길 바라 본다.

다행히 백신이 빠르게 개발되어 2021년 4월 중 75세 이상 노인들에게 화이자 백신을 접종한다고 한다. 동의서를 받아 가고 며칠 후 주민센터 국민 비서로부터 4월 8일 8시 10분까지 모이라는 안내 전화를 받았다. 갑자기 70년 전의 일이 뇌리를 스쳤다. 중학교 2학년 시절 학교에서 장티푸스 예방주사를 맞고 꼬박 3일을 앓았다. 그로 인한 결석으로 개근상을 못 받은 기억이 난다. 그때 그 시절엔 개근상이 성적우수상보다 더 귀하게 여겨졌었다(가난에서 벗어나느라 다들 밤낮없이 일해야 했고 오랫동안 외세에 의해 약탈당한 나라에서 영양실조에 걸린 부모들이 자식들은 배불리 먹인다고 했어도 흡족할 리 없었기에, 거의 누구나 결석하는 일이 한두 번 정도는 있었다. 그나마도 자식들은 가르쳐야 잘살 수 있다고 철석같이 믿은 그 시절 부모들의 지극 정성이 있었기에 가능한 일이었다). 그런데 듣도 보도 못 한 바이러스 균을 또 몸속에 집어넣는다는 게 아닌가, 그로 인해 이상 반응으로 고생하고 병원 신세를 지기도 한다는데 고령군에 속하는 데다가 약간 심약한 나로서는 괜찮을까? 걱정이 되기도 했다.

4월 8일 막내딸의 도움으로 약속된 시간 안에 주민센터로 갔다. 열 체크는 필수이고 친절한 직원들의 안내를 받아 서신동 1호 차에 올랐다. 화산체육관 코로나19 예방접종센터에 도착하여 1차 예진표를 확인하고 접수를 마칠 때까지 눈을 감고 기다렸다. 조금은 두려운 마음도 들었지만 언젠가는 한 번 거쳐야 할 일이어서 심호흡으로 마음을 달랬다. 다른 이들도 마찬가지 생각인지 별말들이 없고 진행자들이 침착하고 밝은 목소리로 안내하는 소리만 들렸다.

드디어 차례대로 거리 두기를 하면서 조심스레 예방접종 안내를 받았다. 의료진의 진단을 마치고 접종실에 들어가 편안한 마음으로 주사를 맞았다. 접종 후 수칙으로 15분에서 30분 정도 이상 반응을 살펴보고 안전 귀가 하라고 했다.

마지막 절차로 백신 예방접종 내력 확인서를 주면서 2차 접종 시 지참하라는 것과 귀가 후에 건강 상태를 2~3일 지켜보고 이상 반응이 있을 때 곧바로 연락하라고 했다. 2차 예방접종일은 3주 후 4월 29일로 예약되었다.

집에 돌아와서는 조금 편한 마음가짐으로 휴식을 취하며 다른 때보다 몸을 적게 움직였다. 시간이 지나면서 팔이 뻐근해지는 느낌이 들었다. 점점 입안이 마르기 시작했다. 물을 많이 마시면서 이상 반응의 여부를 지켜보았다. 그러나 예상했던 것보다 몸과 마음이 편했다. 막내가 짬을 내어 오랫동안 지켜보다 열나면 먹으라고 타이레놀을 놓고 갔다. 독감보다 조금 아픈 느낌은 받았지만 더 이상 별스러운 증후가 없다. 이만하면 건강한 편이 아닌가 싶어 마음을 놓으니 더욱 편해졌다. 이틀째 되는 날은 몸이 더 부드럽고 안정이 되었다. 뻐근했던 팔도 쭉 뻗어보니 잘 올라가고 이상 없는 듯하였다. 사흘째 되는 날은 완전 정상으로 되어 백신에 대한 거부감은 완전히 사라졌다. 혹여, 백신을 맞고 이상 증상이 나타나지 않을까 걱정했던 게 완전히 기우였다.

이렇게 좋은 나라에서 사는 것도 행복이라는 생각이 들었다. 아직은 살 만한 세상이다. 누가 이렇게 부모처럼 섬겨주겠는가. 동방예의지국이라는 별칭에 알맞은 정서가 되살아나는 듯 흐뭇했고, 살뜰한 보호를 받고 온 기분에 백신 후유증을 느끼지 못했는지도 모르겠다. 자원봉사자들과 관계자분들, 의료진들의 선진 운영과 밝은 예지에 경의를 표한다. 또한, 나라를 짊어지고 한창 일할 나이의 청년들이 먼저 백신을 맞아야 할 텐데, 백신의 특성 때문이기도 하다지만 노인네부터 챙기며 전염도가 높은 환경에서도 굴하지 않고 봉사해 주는 그들에게 감사하고 미안할 따름이다. 역시 우리는 착한 심성의 백의의 한민족이라는 생각에 가슴이 뭉클해진다.

예방 수칙을 잘 따라 지키며 나 하나로 인해 맥없는 이웃에, 사회 질서에 흠이 되지 말아야 함을 되새겨야 한다. 자연은 자연스럽게 잘 살도록 놔두고 자연에 기대어 사는 우리는 이 광대한 우주에서 만물의 영장도 한낱 미물에 지나지 않는 한 종류의 자연임을 겸손하게 받아들이며 더불어 살아야 함도 잊지 말아야 한다.

2차 접종일을 기다리며 온 국민이 접종을 마치고 하루빨리 예전처럼 평화롭게 살아갈 날을 그려본다. 눈에 보이지도 않는 작디작은 바이러스로 인해 자연 앞에 오만했던 마음 태도를 바꾸는 계기가 되었음을 감사히 여길 일이다.

공부가 행복한 사람

햇빛이 향기롭다. 아파트 담장에 빨간 장미가 눈부신 5월이다. 어린이날, 어버이날, 스승의 날, 부처님 오신 날 등 무슨 무슨 날들이 많이 들어있어 몸도 마음도 벅찬 달이다. 모두 오가느라 분주하며 바쁘다.

오늘이 마침 스승의 날이다. 지나간 것에 대한 연민은 아직도 나를 붙잡는다. 고이 간직하고 있는 상자 하나, 지난 세월 받았던 편지들을 모아둔 세월의 일면들이다. 나의 소중한 아이들의 첫솜씨로 쓴 글, 남편이 드물게 보내준 정중하기 짝이 없는 편지도 있다. 평생 교직에 몸담으면서 받았던 편지들도 적잖이 간직해 두었다. 해마다 스승의 날 즈음에 꺼내 보는 상자다. 그중 잊지 못할 글 한 편, 제목은 「내 소원을 이루다」. 또박또박 한 획도 흐트러지지 않은 궁체로 쓰인 글. 읽기도 전에 노인이라 불리던 이들의 반짝이던 눈빛의 열기와 애잔했던 기억이 새롭게 소환된다.

어린이들의 스승 자리를 끝내자, 평생 이리저리 옮겨 다니며 24시간을 48시간인 듯 살던 시간 줄이 툭 끊기듯 시간이 남아돌았다. 한가하고 여유로우니 오히려 힘들었다. 무얼 하며 이 많은 시간을 줄일까 생각하니 머리가 지끈거렸다. 놀아봤어야 잘 놀아볼 거 아닌가.

그러던 중 뒤늦게 퇴직한 남편이 기다렸다는 듯, 같이 복지관에 다녀보자고 했다. 낯가림이 심했던 나는 어찌어찌 따라다니다가 재능 기부할 사람을 찾는다는 플래카드를 보고 만난 것이 한글반 할머니들의 모임이었다. 나보다 연상인 학생과의 인연이 시작된 것이다. 대부분 칠팔십 세가 넘으신 할머니들이다. 모두가 비슷비슷한 환경과 못 배운 설움을 풀기 위해 오신 분들이다.

복지관에 시간이나 줄이러 나가 볼까 했던 내가 너무 부끄러운 생각이 들었다. 일주일에 두 번 꼬박 두 시간씩을 글자 익히기 외엔 여념이 없었다. 하루도 빠지지 않고 정성을 다하며 끝나기가 무섭게 다시 일터로 돌아가는 분들, 쉬는 시간도 없었고 잡담도, 세상 이야기도 그 흔한 텔레비전 드라마 얘기도 없었다. 누가 먼저랄 것도 없이 자리에 앉자마자 읽고 쓰는, 공부가 행복한 어른들이었다. 지금 생각하면 내 인생의 스승이었지 않은가 싶다. 각자 처한 상황에서 열심히 살며 자식들은 까막눈 만들지 않기 위해 몸과 마음을 다 바치고 피곤만 남은 분들이었다. 한자漢字에 영어까지 읽어내는 남편에게, 고등학교 교사인 며느리에게, 부끄러워 밝히지 못하고 손자 손녀에게 들키지 않으려고 무진 애를 썼단다. 그까짓 글 좀 몰라도 잘 살아왔는데, 사는 데 글이 뭐 그리 대수라고 마음고생을 한 그분들에게 왠지 모를 죄송한 마음이 들어 눈시울이 시큰거렸다. 보람 있고 측은했던 한때의 추억을 되살리는 글을 보면서 그냥 넘기기 아까워 늦게나마 되새겨 보는 기회를 얻는다. 중간중간 띄어쓰기와,

틀린 글자 몇 군데는 가필을 좀 했음을 밝힌다. 그분이 어찌 생각하실지 몰라 성함은 밝히지 않기로 한다.

「내 소원을 이루다」

　세상이 변해도 많이 변했다. 나처럼 나이 먹은 사람이 〈희망학교〉에 가서 공부하다니 예전엔 상상도 못 한 일이다.
　내가 이제껏 살아오면서 한 가지 소원을 이루지 못하고 마음 속에는 항상 배우고 싶은 욕망으로 가득 차 있었다. 아이들 모두 여우살이시키고 허전한 마음 붙일 곳이 없을 때 옆집에 사는 친구 권유로 금암복지회관에서 한글 공부를 하기로 했다. 처음엔 서먹서먹했지만 각자 자기소개도 하고 이야기를 들어보니 모두가 똑같은 처지의 할머니들이 모였다. 모두 못 배운 한을 풀기 위해 이곳에 왔다고 한다.
　10시부터 쉬는 시간도 없이 두 시간 동안 한 글자 한 글자 익혀가는 공부는 너무 재미있었다. 진짜 선비가 된 기분으로 훨훨 날고 싶고 너울너울 춤이라도 추고 싶었다. 진지하게 공부하는 모습이 얼마나 보기 좋은지 모른다는 선생님의 칭찬에 어깨가 우쭐하기도 했다.
　못 배운 설움을 훌훌 털어내고 '나도 할 수 있다'라는 자신감을 느끼고 새로운 세상을 바라보며 공부를 하니 내 인생은 이제부터 시작이라는 생각이 들었다. 나잇값을 하느라 그런지 공부

를 하기보다 배우면서 잊어버리면서 교실은 웃음꽃을 피웠다. (중략)

　가끔 잠이 오지 않는 날, 밤하늘을 수놓은 반짝이는 별을 보면서도 내가 한글 공부를 시작한 게 참 잘 했다는 생각을 한다. 내가 자신 있게 읽고 쓴다는 건 상상도 못 했던 일이다. 잠자기 전에 일기를 쓰는 시간이 참 즐겁다. 어둠 속에서 밝은 빛을 향해 한 발 한 발 걸어가는 한글반 친구들은 받아쓰기 준비하느라 이 밤도 설치겠지. (하략)

　자신의 글을 읽어 내려가며 주름진 볼을 불그레 물들이던 그이, 그 시대에 흔했던 이름을 가진 그분은 한글반 반장답게 소원을 이루신 분이다. 마음속의 한을 끄집어내어 한 줄 한 줄, 일기를 쓰며 모으고 모은 자기 생각을 이렇게 나름 작품으로 만들어 냈다.
　일이 있는 곳은 어디든 다니며 막일도 마다하지 않는 강인함으로 생계를 유지하고 자녀를 공부시켰다 한다. 잘 자라준 자녀들이 번듯한 직장에 다니며 일가를 이루었어도 자식들의 도움을 받지 않으려는 질박한 생활력으로도 그 인품을 알 수 있었다. 모든 어머니의 표상이다.
　그 교실에 모인 모든 분의 굳게 지켜온 삶의 끈이 이어 내려와 오늘의 우리를 있게 한 거였다. 새삼스레 깨닫는 어머니의 힘, 가난과 무지를 대물림하지 않겠다는 변함없는 사랑으로 서로를 단단히 결속시키는, 5천 년 이어 내려온 삶 곳곳에 숨어있는 한국의 힘이지 않겠는가. 하얀 무명옷 질끈 동여매게 했던 아녀자들의 소리 없는 인고와 생을 향한 고집에 동감하며 내내 눈물을 찍어내던 그분들. 나의 스승이었기에 스승의 날이면 더 생각이 난다.

  코로나19로 인해 매서운 바람 앞에 맞서는 등불처럼 마음 놓고 지내기 힘든 세월이 되었다. 봄맛도 잃은 지 오래고 서로를 그리워하며 지내는 날이 너무 길어진다. 바람 맛은 언제 시원하게 맛봤는지 까마득하다. 하루빨리 일상을 되찾기를 기도하며 '이 또한 어서 지나가기'를 바라지만 나 또한 마음을 비워가는 연습을 하고 있다.
  이 수상한 시절을 잘 견디시라고, 그날의 그 어른들께 들리지는 않겠지만 뜻은 통할 것 같은, 보고 싶은 마음 접어 안부를 전한다.

까세 육필시화집

　예로부터 글씨는 마음의 거울이라 했다. 그리고 글씨를 보면 그 사람을 알 수 있다는 말을 수없이 들어왔다. 신언서판身言書判이라 하여 인물을 선택하는 데에 필요한 네 가지 척도에 글씨 쓰기가 들어 있기도 하다. 학교에서나 가정에서나 자녀들의 인성 교육에 주요한 자리를 차지했던 바른 글씨 쓰기는, 서예학원을 성업케 했고 각종 쓰기 대회도 열어 바른 글씨 쓰기를 권장했던 때가 있었는데 지금은 쇠퇴 일로에 있다. 컴퓨터의 발명으로 느리고 잘 알아볼 수 없기도 한 손글씨는 별 효용 가치가 없게 되었고, 또한 개성 중시를 앞세우고 있으니 바른 글씨에 대한 정의가 흐려졌다. 요즘 아이들의 글씨를 보면 마지못해 그림 그리듯 쓰는가 하면 써놓은 글씨를 보면 지렁이 기어가듯 무슨 말인지 모르게 쓰여 있지 않은가. 그리고 글씨 쓰기를 싫어하는 아이들이 점점 늘어나고 있다는 것이 문제라면 문제다. 손가락 몇 개만 움직이면 빠르고 쉽고 명쾌하게 대행해 주는 기계가 있는데 굳이 손글씨를 써서 불편을 초래할 필요가 없어진 것이다.

　금년 봄에 지인으로부터 육필 시화 두 편을 써 보내라는 권유를 받았다. 나 역시 글씨 쓰기에 별 관심 없이 살았기에 처음엔 당황한 마음에 못 하겠다고 손사래를 쳤었다. 그러나 지인의 끈질긴 설득에 나도 모르게 솔깃이 승낙을 했다. 그 후 고민이 늘어났다. 나도 편리하기 짝이 없는 컴퓨터라는 하수인을 서툰 대로 잘 부리고 있던 차라 글씨를 쓸 도구도 없고 연습이라는 준비 없이 손 작품을 하려니 막막했다. 처음 겪는 일이라 그런지 마음은 내키지 않지만 그래도 흉내라도 내려고 문구점에 들러 이것저것 살펴보고 붓펜과 색지를 사는 등 만반의 준비를 했다.

 글씨를 잘 쓰고, 못 쓰는 걸 떠나 나의 육필 또한 궁금했다. 이럴 줄 알았으면 진즉 글씨 연습도 해둘 걸, 후회막급이었다. 엽서 크기의 종이에 그림을 그리고 글씨를 쓰겠다고 펼쳐놓았다. 그런데 이게 웬일, 교사 시절 학생들의 통지표며 상장이며 각종 안내문까지 거침없이 써내던 솜씨는 어디로 가고 그림은 그림대로 글씨는 글씨대로 제각각이다. 글씨를 대충 쓰고 나면 그림이 맘에 안 들고, 그림이 맘에 들면 글씨가 잘 써지지 않아 난감하기만 했다.

 아! 세월의 이치를 모르고 살아온 나의 실수는 여기서 들통이 났다. 청년도 아니고 중년도 아닌 노년의 필력이 살아나길 기대했던 내가 얼마나 어리석은지를 이제야 깨닫게 되었다. 붓을 잡고 써 내려가자니 한두 자 써 내려가면 그만 팔목이 휘어지며 글씨가 삐뚤어진다. 힘없이 무너지는 글씨를 바라보며 참 한심스럽기 짝이 없었다. 그래도 약속은 지켜야 하니 그냥 그냥 두 편을 골라야 했다. 부끄럽고 민망한 나의 필체를 남에게 보인다는 게 용납되지 않지만 두 눈 딱 감고 보내기로 했다. 그리고 지금이라도 나만의 예쁜 글씨체를 만들어 요즘 유행되는 개성 만점의 글씨 쓰기에 도전하고 싶었다. 그러나 작심삼일이다. 하는 일 없이 이 핑계 저 핑계로 글씨 쓰기 꿈을 이루지 못하고 있기는 예전이나 지금이나 마찬가지다.

12월 어느 날, 손전화 벨이 울렸다. 저장이 안 된 전화여서 망설이다 받았다. 그런데 깜빡 잊고 있었던 시화집 사장님께서 전화를 주신 것이다. 곧바로 주소를 보내드렸더니 다음 날 책이 도착되어 수고해 주신 사장님께 인사도 잊고 책부터 펼쳤다. 와! 나도 모르게 감탄사가 절로 났다. 거대한 도록이다. 212명의 시인과 화가들의 작품집. 『까세 육필시화집』이다. 떨리는 손으로 처음부터 한 장 한 장 넘겨보니 가슴이 벅차올랐다. 어쩌면 한 편의 시와 그림이 꽃처럼 아름답게 피어있을까. 한 권의 책이 송이송이 꽃이 꽂혀있는 꽃바구니처럼 보였다. 수려한 글과 그림의 조화는 어느 도록에 비할 수 없는 보물처럼 보인다. 감탄 또 감탄하며 넘기다 보니 내 작품이 나왔다. 처음이고 마지막이 될 나의 작품은 왠지 초라하게 보였지만 그만 유명·무명 작가들 틈에 끼었다는 자부심에 내 작품에서도 향기가 솔솔 묻어 나오는 것 같다.

최석로 사장님의 안목이 돋보이는 책을 보면서 고마움이 앞섰다. 머리맡에 놓고 감상하며 시간 가는 줄 모르고 한참을 즐겼다. 어느 시집이, 어느 화집이 이렇게 좋을까. 우주의 기운이 이 책 속에 모두 모인 것 같은 착각도 일었다. 심심치 않은 날들을 보낼 수 있는 힘을 받았다는 게 얼마나 감사한지 모른다. 〈서문당〉 출판사의 무궁한 발전을 기원하며 며칠을 보냈다. 한 권의 책이지만 책 중의 책이라는 걸 알게 되었고 이렇게 좋은 작품집을 만드신 노고에 고개가 절로 숙여졌다. 2021년 내가 받은 최고의 선물이다.

성공한 사람 중에는 한 권의 책을 읽고 영감을 얻어 인생을 바꾸었다는 일화도 있다. 혹시 모를 일이다. 이 육필시화집을 본 사람 중에서 시인도 나오고 화가도 나올 수 있을 게 아닌가. 영원히 살아 숨 쉬는 시화집이 더 많은 사람의 마음속에 자리하고 새로운 꿈을 꿀 수 있는 표본이 되길 기대해 본다.

은은한 꽃향기

전북문학관 뜰에는 정원수가 많다. 이곳은 옛 도지사 관사였던 자리여서인지 좋은 수종들이 눈에 띈다. 오래 커오며 정원사의 손길을 받아 잘 다듬어진 나무 중에 상록수 한 그루가 눈에 들어온다. 이름과 수령은 모르지만, 풍채 좋은 걸 보니 노목임이 틀림없다.

문학관〈아카데미〉동시반에 공부하러 갈 때마다 입구에서 반질반질한 초록 바람을 내뿜으며 상큼하게 나를 반겨 맞아준다. 나도 모르게 오가며 눈도장을 찍고 애착 어린 마음으로 가까이 다가가기 시작했다. 수형을 봐도 단아하고 우아한 자태가 관상용으로 일품이다. 사람으로 치면 이목구비가 뚜렷하고 귀골貴骨이 장대한 모습이라고 할까. 어찌 보면 늠름하고 예사롭지 않은 나무라는 생각이 들었다.

일주일에 한 번씩 드나들면서도 아름다운 노거수老巨樹라는 느낌만 받고 지나쳤다. 어느 날, 시간이 남아 자세히 주위를 돌며 밑동과 줄기를 보니 예술이 따로 없다. 자연의 조화로움은 여기서도 빛을 발하는 것을 볼 수 있었다. 이렇게 멋진 나무를 눈빛으로만 보며 지나치다니. 나의 무심함과 이름도 알지 못하는 무식에 민망해져, 그냥 혼자서 짝사랑하듯 좋아하기 시작했다.

 땅속뿌리의 그림은 어떨까. 뿌리는 땅 위의 키만큼 뻗어 나무를 보호하며 지켜준다는데 땅 위의 모습 못지않게 위풍당당할 것 같다. 머릿속으로 그 모습을 그려보니 문학관을 지키는 수호신처럼 서서 수많은 이들의 희로애락과 영광과 쇠락을 지켜보며 자랐을 이 노거수가 은근히 나에게 힘을 준다. 이름이라도 알고 싶었지만 혼자서 바삐 오가며 눈 맞춤만으로 만족해야 했다.

 오늘도 푸른 선비처럼 서서 문학관을 드나드는 글공부 친구들에게 좋은 글 많이 쓰라며 신선한 격려의 바람을 생성하며 일렁이는 것 같다. 그간의 세월 속에서 익숙해져선지 쉬는 시간 뜰에 나와 한가하게 눈 맞춤을 하며 주위를 한 바퀴 돌아보는 게 일과가 되기도 했다. 청정한 녹색 정원을 지키는 나무의 이름쯤 몰라도 그냥 좋다는 생각뿐이었다. 잘 가꾸어진 정원을 관찰하고 탐색하면서 아무 생각 없이 거닐다 보면 글쓰기에 부단히 노력하는 내게 글눈을 뜨려는 마음과 교감하며 새롭게 힘을 충전시켜주기도 하고 글쓰기에 몰두했던 눈에 건강도 한 아름 쏘아주는 것 같았다.

 11월 초순, 눈인사만 주고받던 노거수의 몸에서 아주 작은 꽃망울이 방울방울 올라오며 연둣빛 꽃봉오리가 맺히기 시작했다. 아! 이 향. 향원익청香遠益淸이라 하였던가. 꽃봉오리가 하나둘 벌어지기 시작하자 멀리서도 바쁜 걸음으로 쫓아가게 만든다. 찬 서리가 내려도 아랑곳하지 않고 꽃을 피우며 이제야 익었음을 슬며시 알리는 나무를 바라보며 애잔한 마음이 들었다. 모진 세월의 풍파에도 빛을 발하는 순간을 꿈꾸었던 여운을 듬뿍 뿌리는 향기, 꽃이 없는 상록수로만 알았는데 하얗게 눈싸라기처럼 수북하게 꽃을 피웠다. 이 노거수의 어디에 이런 가녀린 기운이 있었던가. 초롱초롱한 별이 내려앉은 것 같다. 꽃이 없어도 좋았는데 꽃을 피우니 더더욱 금상첨화다. 참 귀한 가을꽃. 꽃이 넘치지 않는 가을에 피는 꽃이 더 사랑스럽지 않은가. 꽃잎이 아주 작은 바람개비 같다. 그런데 이 향기까지, 그 작은 꽃잎에서 내뿜는 달콤하고 향긋한 향이 주위를 맴돌아 나를 이끈 것인가. 바쁘게 오가던 이곳의 이맘때쯤 향의 정체가 이 노거수였나 보다.

  그럼 이게 은목서? 아니면 잎이 작은 걸 보니 구골목서? 향기로운 가을 꽃나무 한 그루가 뜰 안에 가득 향기를 채우고도 이웃으로도 퍼져나간다. 가을이 되어서 꽃 피는 시기에야 알게 된 나무 이름. 이제라도 찾았으니 마음이 후련하다. 꽃을 봐야 이름을 알 수 있다니 나는 얼마나 치우친 눈을 갖고 있는가. 선암사 노老 홍매와 함께 절 마당을 지키고 있는 이 나무를 얼마나 주마간산 식으로 보고 넘겼는지 일상에서도 알게 모르게 그런 일들을 얼마나 경험했을지 잠깐 가슴이 울렁거린다.
  이팝꽃이 알래미 쌀이라면 은목서 꽃은 싸라기 쌀로 기억하고 싶다. 이참에 문학관 뜰을 지켜주는 나무들의 이름과 수령 정도를 나무 아래에 표기해 준다면 많은 사람에게 도움이 되지 않을까. 유명 식물원에 가 봐도 이름표 없는 나무나 꽃이 많아 좀 아쉬웠는데, 나만 모르는 것일 수도 있으니 부끄럽다.

 꽃이 귀한 가을에 피는 꽃으로 옛날에도 사랑채 앞에 심고 선비꽃이라 부르며 사랑받은 꽃이었단다. 은은한 꽃향기가 일품인 나무. 가을이 깊어지면서야 자신의 존재 가치를 드러내며 때늦게 꽃을 피우는 목서를 누가 쉬이 알아보겠는가. 꽃을 피우고 향을 내뿜어야 가치를 저울질하는 일들이 다반사인 것을.
 목서의 묘한 향기는 숨길 수가 없다는 말이 있다. 고매한 선비의 기품은 스스로 말하지 않아도 주위를 청정한 기운으로 물들게 하는 법, 가히 선비 나무라 할 만하다. 향이 독특하여 세계적인 향수 제조 브랜드인 샤넬의 재료로도 쓰인다니 동서를 막론하고 그의 선비 향은 숨길 수 없었나 보다. 초화류의 꽃도 예쁘지만, 나무에서 피는 꽃은 감히 범접할 수 없는 품위를 지녔다. 노거수 등걸에서 피는 매화를 비롯해 목련, 배롱꽃, 자귀꽃, 은목서, 금목서, 구골목서 등 인고의 세월을 견디며 해마다 피워내는 지극함이 고개를 숙이게 한다. 화무십일홍花無十日紅이라지만 뭐니 뭐니 해도 꽃은 사람의 마음을 치유하는 힘이 있어 좋다.

 그와 벗한 지 벌써 5년의 세월이 흐른다.

고운 햇살이 내리는 발길

오래전에 고생했던 허리 병이 또 도졌다. 이번에도 쉬 가라앉지 않으려는지 애를 먹인다. 유리병 같은 몸을 조심조심 움직이며 한방·양방 병원으로 쫓아다니며 침이나 주사를 맞아보고 물리치료를 받아도 차도가 없다. 겉은 멀쩡하니 아프다는 말도 민망할 정도다. 평생 건강이 부실한 사람이어서 조심조심 살다 보니 큰 병은 없으나 털어놓지 못하는 자잘한 아픔이 많다.

운신하기 힘들어하는 모습을 옆에서 보는 이들도 딱하게 보였던지 경락 마사지를 받아보라고 권했다. 솔깃해서 가보니 몸의 균형이 맞지 않아 생긴 병이란다. 두 달 정도 받다 보니 조금씩 좋아지는 것을 느꼈다. 마사지 선생은 운동법 세 가지와 걷기 운동을 권했다. 바른 자세로 하루에 30분만 걸어도 허리나 어깨가 바르게 되어, 치료가 된다고 한다. 걷기는 많이 하지만 바른 자세를 유지하며 오로지 나를 위한 건강 걷기는 별로 해 본 일이 없고 그저 일이 생겼을 때 성격상 바쁘게 뛰듯 걷는 게 전부였던 것 같다. 나의 지나온 삶을 뒤돌아보니 걸어왔다기보다 뛰거나 잔걸음 치거나, 한마디로 말해 동동거리며 살아온 것 같은데, 오롯이 나만을 위한 30분, 좀 느긋해도,

가기 싫으면 안 가도, 가다가 되돌아와도, 한눈 좀 팔아도 괜찮지 않을까. 하늘이랑 바람이랑 느껴봐도 되지 않을까. 슬몃 기대감에 가슴이 벅차지기까지 한다. 봄바람 든 나비 같다는 생각에 혼자 빙긋 웃어본다.

그런데 내가 운동할 새가 어디 있을까. 언제부터인가 무릎관절 때문에 걷는 게 부담스럽기도 했지만, 짬짬이 귀엽기만 한 손자들을 돌봐주느라 그동안 드물게 다니던 수영장도 나가지 않게 되었다. 손자를 돌보는 일이 운동이려니 했는데 흔히 말하듯 노년에 손자 돌보기는 나한테도 무리였나 보다. 아무리 운동이 좋아도, 아무리 힘들어도 손자 돌보는 재미만 할까, 했던 것이 자세를 흐트러트렸겠지 싶다. 난 30분이란 명약을 놓고 고심에 빠졌다.

"아침에 일찍 일어나는 새가 벌레를 잡는다"라는 말도 있는데 조금만 일찍 일어나면 내가 원하는 30분은 쉽게 얻을 수 있다는 생각과 함께 곧바로 실행하기로 마음먹었다. 손자가 잠에서 깨어나기 전 시간을 이용하면 된다. 시간을 내고 보니 막상 어디를 걸어야 할지 30분을 효과적으로 활용할 수 있는 코스부터 정해야 했다. 가끔 시간이 날 때면 산책로를 잘 가꿔놓은 전주천변을 주로 걸었는데 주어진 시간 안에 거기까지 갔다 오려면 그리 쉬운 일은 아니다. 우선 집에서 멀리 가지 않고 집을 중심으로 동네를 세 바퀴 정도 돌면 얼추 30분은 될 만했다. 어렸을 적 부르던 동네 한 바퀴 노래가 흥얼거려졌다. 천변 걷기보다 재미는 적지만 동네 이곳저곳 둘러보는 재미가 제법 쏠쏠할 것 같으니 안성맞춤이다.

볼거리가 많게 잘 다듬어 놓은 전용 산책길도 아니고 등산길도 아닌 아스팔트 평지다. 정상에 오를 부담도 없는 길, 앞서거니 뒤서거니 사람들과 부대낌도 없다. 서두르지 않고 혼자서 '동네 한 바퀴'가 아니라 세 바퀴쯤 돌면 나의 운동량은 충족될 수 있을 것 같으니까. 마음먹고 나니 참 쉬운 것을 멀리에서만 찾으려 고심했던 게 우습기도 했다. 방법을 찾아내고 나니 실천하는 건 쉬웠다. 다행히 아침잠이 없으니 좀 이르다 싶은 시간에 일어나 집을 나섰다. 진덕교를 지나 버드나무가 하늘거리는 가로수 길을 걸어가다가 숲정이교를 지나 주택들이 있는, 건너 동네 어귀로 걸어갔다. 집에서 어영부영 보내는 30분보다 산책하는, 같은 시간이 이리 길다니. 아직도 시간이 제법 남았다. 어딘가로 시간 맞춰 약속된 시간 안에 출근해야 하는 것도 아니니 마음이 여유롭다. 어둑할 때 길을 나서면, 도착할 때쯤 떠오르는 햇살이 내 몸을 씻어주고, 마음은 새벽 공기가 씻어주는 청량감에 온몸이 상쾌하고 신선해서 발걸음도 가볍다.

계획 신도시의 골목길, 바둑판처럼 반듯한 블록으로 나누어진 동네라서 고샅길도 반듯하고 넓은 편이다. 세 블록 정도의 거리를 지나 메타세쿼이아 가로수길을 지나 돌아오면 동네 한 바퀴를 도는 셈이다. 풀꽃 향내는 맡을 수 없어도 담장 너머로 고개를 내민 감나무, 석류나무, 대추나무는 내 마음속에서 아침 인사를 하듯 고개를 내밀고 방싯거린다. 인적이 드문 새벽, 아침을 여는 소리도 들린다. 딸각딸각 아침 준비를 하는 소리, 아침밥이 뜸 들어 가는 구수한 냄새가 침을 꼴깍 넘기게 한다. 몸도 마음도 치유되는 새벽 걷기가 자연스레 옛날의 풍광과 지난날의 여러 애환까지 불러내 그들과 대화하며 걷다 보면 금방 30~40분은 지나간다. 마음이 개운하다. 또 한 바퀴, 걷고 또 걷는다. 마음으로 정한 세 바퀴를 채우니 얼굴이 촉촉해지기 시작한다. 땀과 아침이슬이 엉긴 것이라는 생각에 얼굴을 한번 쓸어본다. 미세먼지가 많은 시대라 하나 하루 중 가장 정갈한 아침이다. 하루 이틀 계속하며 이젠 작심삼일이 아닌 내게 맞는 약을 꼭꼭 챙겨 먹듯 나와의 약속도 지키며 건강도 챙길 수 있으니 일거양득이다.

　작은 노력 하나하나가 쌓여 형설의 공든 탑이 되고 작은 돌멩이 하나가 성곽을 쌓는 주춧돌이 되어 우리를 지킨다. 작은 조약돌 하나를 던지면 잔잔한 호수에 동그라미가 그려지듯이 나를 깨우는, 나의 작은 운동법이 내 건강도 지키고 나의 일과를 여는 첫 단추도 되었다. 주변이 소란하지 않으니 마음을 비우고 명상하기에도 알맞았다. 지난날을 반추하며 자신을 찾기도 하고, 또 지키기 위해 새벽을 만난다. 복잡다단한 세상을 살아가는 힘을 얻기 위해 몸과 마음의 건강 지키기를 다짐하면서 집을 향하는 내 발길에 벌써 아침 해가 뜨고 있는지, 고운 햇살이 내린다. 오늘 하루도 건강하고 보람 있는 하루가 될 것 같으니 이 아니 즐거우랴.

2부

별 헤는 언덕

아름다운 배려

손전화 신호음이 울린다. 무료하던 차에 누굴까? 반가운 마음에 열어보니 모르는 번호다. 저장이 안 되어있는 번호. 요즘은 세월이 수상하니 모르는 번호는 받지 말라는 말들이 많아 나도 덩달아 잘 받지 않는데 가끔 나도 모르게 초록 버튼에 손이 먼저 가기도 한다. 이번에도 역시, 얼른 끊으려는데 나지막하며 겸손이 묻은 남자 목소리가 흘러나온다.

"혹시 김연주 씨 되십니까?"
"어디에 사시나요?"
"그럼, 몇 호인가요?"

그날따라 내가 왜 이러지 하면서도 묻는 대로 순순히 답했다. 예의 바른 목소리라 느껴져서 그랬나, 실수로 눌러졌어도 목소리가 나오자마자 바로 후다닥 끊어버리는데 그날은 먹을 복이 있었나, 나에게 유리한 전화라는 생각이 은연중 느껴졌나 아무튼 고분고분 답하니 그쪽에서도 우스운가 보다. 웃음 먹은 목소리로,

"아, 저는 ○○○호입니다. 선생님 댁 택배가 제 집으로 배달되어서요."

"지금 댁에 계시는 거죠? 제가 가져다드릴게요."

예전부터 알고 지낸 사이인 듯 친절한 목소리에 정이 묻어난다. 내 목소리를 듣고 할머니가 아닌 선생님이라니, 그분의 몸에 밴 겸손과 배려 때문인 듯하다. 가져다준다니 더없이 감사한 마음에 모처럼 기분이 좋아진다. 생각지도 않은 택배라서 잠깐 사이 궁금증과 흐뭇함에 나도 모르게 고맙다고 대답을 했지만 이건 아니라는 생각이 스쳤다. 연락을 준 것만으로도 고마운데 가만히 앉아 남의 도움을 받는다는 게 상식에 어긋나는 일이 아닌가. 친절이 몸에 밴 이웃의 배려가 고마워,

"아닙니다. 알려주신 것도 고마운데 제가 찾으러 가겠습니다."
"아, 좀 무거워 보이는데 괜찮으시겠어요?"
"그럼, 밖에 내놓겠습니다."
"감사합니다"로 전화를 마쳤다.

마침, 밖은 가을비가 추적추적 내리고 가을 초입에 들어선 먼 데 나무를 보며 창 곁을 서성이고 있던 차라 누구라도 문 두드려주면 좋을 양이었다. 그분의 집과 우리 집은 숫자상으로는 벽 하나 차이로 아주 가까운 옆집 같지만 나가고 들어가는 문은 엉뚱하게도 다르다. 그분의 집으로 가려면 엘리베이터를 타고 내려가서 우리 집 대현관 밖으로 나가 그분 집의 대현관 초인종을 다시 눌러 그분이 열어줘야 들어갈 수 있는 가깝고도 먼 이웃이다. 비는 오고 날씨는 좀 차고, 모처럼 집 안에서 아늑함을 즐기고 있다 보니 선뜻 나가기가 귀찮은 생각이 든다. 그래도 누가 무엇을 보냈을까, 궁금하기도 하고 연락을 주신 분이 신경 쓰고 있을까 봐 얼른 다녀올 채비를

하는데, 지하 주차장이 떠올랐다. 지하 주차장으로 가면 비 한 방울 맞지 않고 가져올 수 있지 않은가. 쾌재를 부르며 딸딸이를 끌고 다녀왔다.

후배가 보낸 택배였다. 후배에게 곧바로 전화를 걸었다. 숫자 하나 사이로 한바탕 벌어진 일을 전하며 미안해하는 후배와 함께 함박웃음을 주고받았다. 더운 여름 보내느라 애썼으니 몸보신하고 힘을 내란다. 가끔 나를 챙겨주는 배려에 감사하며, 가을비 추적거리는 오늘, 두 배려를 만나 마음이 따뜻해진 날이었다.

공동주택에서 숫자 하나로 인해 일어나는 웃지 못할 일이 종종 생긴다. 숫자 하나 더 붙이고 덜 붙여서 일어나는 배달 사고는 좀 골치 아픈 일이 되기도 한다. 보내는 사람과 우리 집 사이를 이어주느라 거쳐 갔을 적지 않은 이들의 착오와 무심함이 느껴질 때도 있고 오늘같이 친절한 이웃의 배려로 인해 즐거운 일로 기억되기도 한다.

아파트 동 호수가 같은 라인이라면 쉽게 해결이 되나, 동수가 다르게 쓰여지면 복잡해진다. 그나마 잘못 배달된 스티로폼 박스는 안에 냉동식품이 들어있는 예가 많아서 하루라도 묵히면 신선도가 떨어진다. 그 물건이 무겁다면 더 심란해진다. 오늘 그분처럼 귀찮음을 참고 바로 연락해 줬기에 만사가 매끄러워졌다. 후배도 안도하는 마음으로 그분께 감사의 마음을 보냈을 것이고 나도 후배의 정과 그분의 친절을 아깝지 않게 즐겼다. 얼굴도 모르는 누군가의 배려가 우리의 작은 행복에 덤으로 얹혀 기분이 좋아진다.

누군가의 작은 친절에 대해 생각할수록 배려라는 단어가 머리에서 맴돌며 좀처럼 지워지지 않는다. 배려는 도와주거나 보살펴주려고 마음을 쓰는 것을 일컫는 말이다. 배려는 기쁨과 희망이 샘솟는 옹달샘이다. 또한, 마음과 마음을 이어주는 존중과 사랑의 증표이며 나보다 남을 먼저 생각하고 위하는 마음으로 도와주고 보살펴주는 작은 실천이다.

그러고 보니 어느 집 일화가 떠오른다. 그야말로 향기가 물씬 나는 배려다. "아!" 하는 탄성이 절로 났던 일이다. 형제자매들의 효심이 얼마나 지극한지 각자가 사는 집의 비밀번호를 부모님 댁 비밀번호와 똑같이 입력해 놓았단다. 부모님께서 언제든지 오실 수 있도록 한, 효자 효부들! 그들의 부모님들은 자녀들이 불편할까 봐 초대나 약속이 있기 전에는 쉽게 드나들지 않는 배려를 품고 있을 테니 얼마나 아름다운 동행들인가. 각박한 일들이 자주 벌어지고 있는 요즘 세상에 마음을 흐뭇하게 해주는 배려다. 가족 간의 참사랑에 대한 가치를 다시금 돌아보게 하는 일화다.

자비존인自卑尊人, 자기를 낮추고 상대방을 높인다는 뜻을 모두 알고는 있으나 실천하기는 어려운, 깊은 뜻을 지닌 말이다. 자기를 낮춰야만 배려가 나온다. 어떤 이는 실천 없는 앎은 모르는 것만 못하다 하였는데 나는 누구에게 어떤 배려를 했을까? 지금까지 살아오면서 배려를 베푼 것보다 받은 게 더 많은 것 같으니 나는 반성 겸 자숙해 봐야 할 일이다.

아름다운 이들의 각별한 배려 덕분으로 무사안일한 생활을 해왔으니, 말만 앞세우지 말고 실천에 더 신경을 써야겠다. 가장 가까이서 부대끼는 가족은 물론이고 더 나아가 이웃의 처지를 공감하고 배려하려는 마음은 의외로 받는 이보다 주는 이를 더 행복하게 한다. 기쁜 마음으로 서로서로 따뜻하고 진심 어린 배려 습관을 기르면서 밝은 세상을 위해 최선을 다하자. 그러다 보면 초록은 동색이니 그런 사람들과 함께하는 일이 많아지겠지. 아름다운 배려는 세상을 바꾸는 힘이 될 것이므로.

겸손 어린 말투 한마디에 오늘도 기분이 밝다.

별 헤는 언덕

 가을 햇살과 함께 소슬한 바람이 나의 볼을 스친다. 수안보 조산 공원 탐방로를 자박자박 걸어 야트막한 언덕에 오르니 눈앞에 '별 헤는 언덕'이라는 팻말이 걸음을 멈추게 한다. 이 언덕은 '하늘이 아름다워 바람이 머물고, 별이 쏟아지는 언덕'이라는데 고요하고 한적한 느낌이 들었다. 정말 바람과 별이 많이 모이는 곳일까? 주위를 둘러보는데 윤동주 시인의 삶을 기록한 팻말과 일곱 편의 시가 목판에 전시되어 있다. 문학관도 아닌 이 언덕에 짤막하게나마 윤동주 시인을 조명해놓은 곳이다. 가던 길을 잊고 생각지도 않은 보물이라도 발견한 것처럼 여기저기 살피다 보니 마음이 설렌다. 이렇게 아름다운 언덕에서 윤동주 시인을 만나다니 새삼스레 가슴이 벅차오른다.

 한 편, 한 편의 저항시를 만나며 그의 생애를 돌아보니 마음이 아리다. 「별 헤는 밤」, 「서시」 등등, 언덕을 서성이며 시를 읽고 또 읽으며 타민족에 의해 조국을 짓밟힌 청년의 한이 서린 시간을 잠시 생각한다. 민족 사랑의 불로 이글거리던 그이의 가슴에 남겨진 시와 사랑은 또 얼마나 애석한가.

내 나라를 찬탈한 남의 나라 형무소에 억울하게 갇힌 채 27세 한스러운 생을 마감한 그이의 못다 푼 시심과 민족을 사랑했던 애통함이 이곳 아름다운 풍경에서 조금이라도 위로가 되기를 빌었다. 별과 바람이 머문다는 언덕은 잊지 못할 추억의 장소가 아닌가. 태평양 전쟁이 끝나갈 무렵 『하늘과 바람과 별과 시』 유고집을 발간했다는 정도로만 알고 있었다는 게 부끄럽다. 나 또한 일제강점기의 아픔을 어느 정도 알 만한 나이이기에 시인의 아픔이 공명되어 온다. 지금은 어느 곳에서 조국의 앞날을 걱정할까 생각하니 부끄러워진다.

언젠가 백두산 여행을 다녀오는 길에 윤동주 생가와 그가 다녔던 용정 대성중학교에 들렸을 때의 애석했던 기억 또한 새록새록 돋았다. 그이도 어느 밤 이곳에 앉아 밤하늘의 별을 볼 수 있었다면 얼마나 좋아했을까. 올라가던 산행은 잊은 채 더 이상 발걸음이 떨어지지 않았다. 먼저 오른 일행이 내려올 때까지 기다리며 이곳에서 나 혼자만의 서툰 감정으로 대화를 실컷 나눴다. 바람과 햇살과 더불어 행복한 시간이었다.

어린 시절 별들이 가득한 밤하늘을 보면서 학교에서 배운 북극성을 찾고 북두칠성을 찾던 일이 떠오른다. 어른이 되어 뉴질랜드에서 남십자성을 찾았을 때의 기쁨도 잊을 수 없다. 모든 사람이 좋아하는 별을 보면서 각자 다른 생각이 떠오르는 별 보기는 마음속의 별이 다르기 때문일까? 마음에 묻어둔 한 조각의 그리움의 모습 때문일까?

어느 시인은 "즐거운 날 밤에는 한 개도 없더니 마음 슬픈 밤에는 하늘 가득 별이다"라고 노래했다. 그러니 사람마다 마음속에 별 하나쯤 품고 있다고 할 정도로 별을 노래한 사람들은 많다. 그중 윤동주 시인의 「별 헤는 밤」, 이병기 시인의 「별」을 나 또한 좋아했다. 나에게도 그리운 별 하나 품고 꿈속에서 헤매며 날을 샐 때도 있었다. 그때 나를 잠 못 들게 했던 나의 별은 어떤 별이었을까, 아득하다.

윤동주 시인의 별은 나라 잃은 한이 서린 어두운 마음속에 핀 슬픈 별이며, 일제 강점 아래의 고난과 시련의 한복판에서 고단한 삶을 살아가고 있는 어머니 같은 내 조국에 대한 그리움과 추억의 별이다. 다음은 우리에게 내 나라, 내 땅, 내 민족의 소중함을 일깨워 준 「별 헤는 밤」의 일부이다. 모두 다 아는 구절일 것이나 되뇌어 본다.

　　별 하나에 추억과
　　별 하나에 쓸쓸함과
　　별 하나에 동경과
　　별 하나에 시와
　　별 하나에 어머니, 어머니

가람 이병기 시조 시인의 「별」은 또 다른 느낌으로 다가온다. 조국을 되찾고 해방된 나라에서 저녁 산책도 하면서 국문학의 집대성에 열중하며 민족 정체성을 찾으려 강단에 섰던 작가의 비교적 안정된 정서가 느껴진다. 무수한 별들이 정답게 속삭이듯 평화로움을 느끼게 하던 시조다. 작곡가 이수인이 곡을 붙인 가곡으로도 소개되어 밤하늘의 별을 볼 때마다 저절로 흥얼거려지곤 했었다. 아름답고 담백한 시 한 편을 간결한 음에 맞춰 부를 수 있어 마음이 평화로워지면서 순박하고 따뜻한 느낌에 그 당시 상당한 호응을 받았었다. 그때나 지금이나 노래를 잘 못 부르던 나도 몇 번을 거푸 불러도 질리지 않던 멜로디가 금세 떠오른다.

    바람이 서늘도 하여 뜰 앞에 나섰더니
    서산머리에 하늘은 구름을 벗어나고
    산뜻한 초사흘 달이 별과 함께 나오더라

    달은 넘어가고 별만 서로 반짝인다
    저 별은 뉘 별이며 내 별은 또한 어느 게오
    잠자코 호올로 서서 별을 헤어 보노라

  나의 가슴에도 그리움의 별 하나 반짝인다. 내 어머니 별. 딱 한 번 꿈속에 별로 나타나신 후 지금까지 보여주시지 않는 어머니 모습, 얼마나 그리운지. 어머니 별을 품고서 또 한 번 꿈속에서 만나보기를 소원하면서 밤마다 두 눈 감고 어머니 별이 나타나기를 빌다 잠이 드는 날이 많았다.

  내 어렸을 적 수많은 별이 반짝이는 하늘을 보면서 별 하나 나 하나, 별 둘 나 둘 세다 잠이 들곤 했는데 요즈음엔 별을 볼 수가 없다. 달만 둥그러니 외롭게 떠 있다. 오염된 지구의 이상 기온으로 인해서 밤하늘의 별들이 노했는지도 모른다. 어둠을 밝히는 가로등과 높은 빌딩과 아파트마다 새어 나오는 형광등, 네온사인 불빛으로 주위가 밝으니 내 빛 정도야 안 보여줘도 괜찮다고 생각하는지, 어린아이 같은 투정과 함께 진짜 하늘의 별이 그립다. 모깃불과 멍석, 하모니카를 대신하던 강냉이로 대변되는 어릴 적 한여름 밤의 풍경, 그 아래로 지천으로 쏟아지던 별빛, 그 둘레를 밝히시던 우리 어머니도 젊은 별이셨지. 잠시만이라도 돌아가고 싶다. 도시의 하늘에서 어쩌다 북극성과 북두칠성 정도 볼 수 있다면 다행일 오늘에서 벗어나.

그러나 있다. 새벽 어스레한 빛이 살아 오르기 시작하면 밤에는 볼 수 없던 별이 천지에 가득하다. 하늘에도 땅에도 물가에도 반짝이는 별들이 모여 산다. 아기별처럼 조그맣게 핀 풀꽃이며, 바람에 팔랑거리는 나뭇잎, 햇살에 반짝이는 윤슬 등이 내게 별처럼 다가와 아름답게 반짝인다. 사람 또한 얼마나 아름다운 별인가. 밤이고 낮이고 쉴 새 없이 반짝이는 별들을 보면서 아름다움에 취한 일이 한두 번이 아니다. 자기의 꿈을 키우며 동분서주하는 젊은이들, 사랑스런 별이다. 그들이 수런거리는 곳에서는 기쁨이 별처럼 반짝인다. 세상에서 가장 큰 별 밭을 가꾸는 그들이 있기에 앞으로도 사람 살 만한 세상이 이어지는 거라 생각된다. 별 보고 나갔다가 별 보며 들어온 조상님들의 부지런한 DNA를 잇는 젊은이들의 다부진 생활력과 인내심이 오늘을 이어 내일을 만들며 끊임없이 새로운 별을 창조해 나아가고 있으니 이 아니 반가운가.

사람마다 내 안에 간직된 별이 뜨기를 기다리며 별을 짓고 있다는 생각을 하면 아무리 지금은 힘들어해도 지구의 꿈은 실현되리라 믿는다. 높은 하늘만 쳐다볼 게 아니라 우리 주위를 살펴보면 눈에 보이지는 않지만, 저 하늘 어디선가 반짝이고 있을 별과 함께 하루하루 희망을 품고 살아가는 사람 별들이 많이 떠 있지 않은가. 정답게 속삭이며 초롱초롱한 빛을 뿌려주리라 믿는 작은 이들이 내 앞에도 내 뒤에도 가득가득하기를, 지금 조금 힘들어도 우리에겐 윤동주의 못다 빛난 별도, 가람 이병기의 담백한 별이 뿌리가 되어 우리를 지키고 있음을 잊지 말기를 바라 본다.

국어 순화
– 마약밥

    토요일이다. 일상을 직장에 매인 큰딸애가 점심을 먹자고 한다. 매일이 토요일이고 일요일인 우리 내외의 생활이 적적하던 차에 반가웠다.

    새로 문을 연 한정식점이란다. 주차장 입구에서부터 '마약밥, 마약떡'이라는 글자가 눈에 띈다. '어! 웬 마약?' 입 밖으로 내뱉기도 불편한 '마약'이라는 단어가 좀 거북살스럽기는 하나, 옛날 예식장이었던 곳이어서인지 주차장도 널찍하고 손님을 맞는 홀도 고풍스러운 인테리어가 눈에 띄게 시원하다.

    백제 1, 2, 3…으로 이름표를 붙인 방이 칸칸이 나누어져 있다. 마침 일찍 온 딸애가 백제 9번 방에서 반갑게 맞아준다. 백제라는 익숙한 단어가 눈에 띄자, '아, 그 마[薯–훈: 마(식물), 음: 서]가 그 마麻가 아니었구나!' 나의 속생각을 눈치챈 듯, 딸애가 부연 설명을 하며 웃는다.

    "저도 처음이라서 잘 모르지만 아마도 너무 맛있어서 한 번 먹어보기에는 아쉽고 마약처럼 자꾸 먹고 싶을 거라는 표현이 아닐까 싶어요. 얼마나 맛있는지 한번 먹어보게요. 거의 모든 음식에 마가 들어있대요."

예약해선지 바로 교자상 차림 음식을 가득 올린 상을 들고 나와 식탁 위에 맞춰 넣으니 임금님 수라상이 되었다. 푸짐한 '서동 선화 정식' 상차림을 보니 눈 호강과 함께 군침이 돌았다. 약보다 효과가 좋은 보양식으로 차려진 음식들이다. 오해할 수 있는 이름을 가진 마약 밥은 전북 익산의 특산품인 마[薯]를 이용하여 만든 약밥이란다. 한마디로 옛날 왕실에서 즐겨 먹던 보양식을 '서동마 창작요리 전문점'이라는 별칭으로 만든 퓨전 음식을 선보인 것이다. 그래서 마약[薯藥] 밥, 마약 떡으로 이름을 지었는데 나는 언뜻 마약麻藥부터 떠올렸으니 우문愚問의 소치다.

먹기 아깝다는 생각이 들 정도로 수수한 꽃밭 같은 밥상이 참 단아하게 보인다. 보기 좋은 떡이 먹기도 좋다는 말처럼 이제는 입이 호강할 차례다. 깔끔한 식기에 먹음직스럽게 음식이 가지런히 놓여 있다. 어느 곳으로 먼저 손이 가야 할지 모를 지경이다. 은은한 향이 먼저 입맛을 돋우고 식감이 알맞아서 내 입맛에 맞다. 더운 여름을 건너며 주춤했던 식욕이 되돌아오는 듯 기분도 좋아진다. 마가 들어간 마밥과 소고기미역국, 불고기, 코다리조림, 잡채, 마탕수육, 마피자, 마튀김, 생김치 등등 건강에 좋다는 마를 듬뿍듬뿍 넣어 전문 요리사가 해주는 떡 벌어진 한 상을 받으니 음식이 잘도 넘어간다. 디저트도 렌틸콩과 마를 섞은 토마토로 입가심을 하기 좋게 적당한 양으로 적지도 많지도 않게 내온다. 약간의 과식을 하고서도 적당한 양의 음식인 양, 그 옛날 왕비가 된 듯 흐뭇하다.

상 한가운데는 상궁처럼 장금이 인형이 깜찍하게 읍하고 서 있다. 아주 재치 있는 아이디어로 손님의 마음을 끄는 주인의 매너가 재미

있다. 눈도 입도 즐거우니 오늘 하루는 내 세상이다. 코로나로 인해 외식 한 번 제대로 못 한 서운함을 다 채워주듯 이런 데를 찾아 초대해 준 딸이 고맙다.

마를 캐어 팔던 영특한 백제의 서동이라는 아이가 동요를 지어 신라 아이들이 부르게 하여 신라의 선화공주를 배필로 맞고 왕위에 오른다는 설화를 만들어 낸 마가 옛날부터 건강에 무척 유익했나 보다. 마를 캐다가 황금까지 발견했으니 일거양득이 된 고마운 식물이다. 후세인들이 설화의 진위를 많이 논하고는 있으나 굳이 밝힐 필요가 있나. 우선 재미있고 신라와 백제의 시대 상황까지 알려주니 고마운 '마'다. 사랑 얘기, 특히 왕의 딸 공주와 가난한 서민 젊은이의 결혼이라는 그때의 시대상으로는 불가능한 설정이 서민에게 희망과 기대감을 갖게 한 것이다. 그 기저에는 마의 힘이 버티고 있었던 것.

직장 생활을 하느라 쫓겨 가며 지낸 일들이 몰려온다. 음식 솜씨가 서툰 데다가 시간에 쫓기며 만들어 내놓는 음식을 보고 국적이 어디냐고 놀리던 아이들이 지금은 어느 음식이라도 맛있게 먹을 수 있게 해준 게 엄마의 덕이라며 감사하다고 하니 미안하며 고맙다. 솜씨 좋은 전업주부가 아니어서 아이들에게 맛있는 음식뿐만 아니라 세심한 돌봄을 별로 해준 게 없었지만, 나로선 최선을 다했던 나날들이었다. 세월이 흘러, 모든 게 일장춘몽이라는 말이 실감이 드는 나날이 되었다. 기뻤던 일, 궂었던 일 모두 아쉬운 추억으로 되살아날 뿐이다.

음식에 마약이라는 단어를 붙여 맛있음을 대변하니 이해는 가나 금지어나 마찬가지인 자극적인 단어가 일상의 용어가 될 것 같아 좀 위험하다는 생각이 드는 건 어쩔 수 없다. 요즘 날로 강해지는 어투와 분별없이 쓰이는 약어 사용으로 세계 제일이라는 한글의 위상이 약해지고, 편리함만 쫓아가다 순수한 언어 개발과 우리 국어의 아름다움을 잃을까 걱정도 된다. 이미 쓰이지 않아 사멸되었거나 잊힌 우리글의 고어를 어쩌다 마주하면 그때 사용하던 이들의 다정한 마음 쓰임새와 아름다운 정서를 만날 수 있지 않던가.

지금도 생각 없이 따라 하다 알게 모르게 일상어가 되어버린 현대의 말들이 꼭 아름답다고는 생각되지 않으니 요즘 유행어 '꼰대'가 틀림없다. 일제강점기 때 우리 말과 글을 말살하기 위해 억압했던 36년 동안 길들여진 일본 말이 지금도 청산되지 못하고 우리말 곳곳에 숨어있는데 우리 국권을 되찾은 현대에 우리 스스로 그 위상에 흠집을 내고 있지 않은가 하는 우려로, 맛있는 음식으로 호강하고 나서도 기분이 씁쓸해진다.

어쨌거나 금강산도 식후경이라는 말이 있는데, 여름이 가기 전에 눈 호강에 입 호강까지, 게다가 딸애의 세심한 사랑까지 듬뿍 먹고 나니 건강을 되찾은 기분이다. 딸은 물론이고 맛있는 음식을 정성스레 대접해 준 음식점 관계자들에게도 감사한 마음을 품게 한다. 집 나가는 일들이 많아진 요즘 입맛이 제집 찾아 돌아온 것처럼 행복하다.

(이 글을 쓴 몇 달 후에 음식에 마약이라는 용어를 쓰지 말자는 말들이 전국적으로 회자되면서 이 말은 사라졌다)

오월, 장미의 응원

춥지도 않고 덥지도 않은 계절 오월. 주위는 알맞은 초록으로 번져 내 눈은 시원해지며 한결 건강해짐을 느낀다. 꽃들도 여리게 수줍은 듯 방글거리고 태양도 너무 이글거리지 않아서 좋다. 풀이라 이름하는 것도 예쁘기가 꽃 같은 마음이 들어 눈앞이 환해진다. 게다가 두 딸이 아름다운 계절, 오월의 축복 속에 태어나서인지 건강하고 온유하고 다사롭고 평화로이 잘 지내고 있어 더 의미 있고 다정한 여왕 계절이다.

해마다 수많은 꽃이 천지를 밝히며 뽐내는 오월을 맞으면 즐겁다. 만물이 생동하는 계절이라 사람의 마음을 치유해 주는 꽃들이 많기도 하지만 특히 오월이면 좀체 눈여겨 보아주는 이가 많지 않아도 앙증맞게 그 나름 눈부시게, 또는 수줍은 모양새로 피어있는 풀꽃들이 있다. 여왕같이 스포트라이트를 받는 화려한 꽃보다는 수수한 풀꽃을 더 마음에 담아두고 이름을 몰라도 예쁜 풀꽃을 만나면 사진을 찍으며 좋아한다.

그중 오월의 꽃은 역시 장미였다. 계절 중 가장 싱그러운 오월과

유월에 걸쳐 피고 지고를 반복하며 일부러 앞으로 나서지 않아도 꽃 중의 여왕다운 기품이 있는 꽃. 멀리 갈 것도 없이 아파트 담장을 따라 휘감은 줄기마다 붉은 꽃숭어리들이 옹기종기 매달려 주변을 불그레하게 물들인다.

지나가며 들여다보이는 장미 담장 안에 사는 이들도 아름다이 여겨진다. 저 밖에 지나가는 이들도 나를 그렇게 보아줄까. 잎도 꽃도 다 떠나보내고 혼자 견딘 겨울 동안 엉성하던 가지 어디에 꽃을 갈무리해 놨다가 피워내는지 한눈 몇 번 팔고 나면 담장에 풍성한 정열이 가득 차 있는 것을 발견한다. 감탄을 자아내게 하는 그 향기와 붉은 마음을 읽으며 발걸음 한두 번 멈추지 않은 이는 없을 것이다. 요즘 내가 오월을 좋아할 이유가 또 하나 생겼다.

무릎관절 수술 후 거의 1년이 되어가지만, 아직도 활발하게 걷지 못해 불편한 심기가 쌓이고 괴로워진다. 병원이나 체육 시설을 빌리지 않고서도 재활할 수 있는 가장 쉬운 방법을 생각하다 아파트 담장을 따라 날마다 한 바퀴씩 도는 것을 목표로 운동을 하기로 했다. '누죽걸산'이라는 요즘 웃음 섞인 유행어가 가슴에 와 꽂힌다. "누우면 죽고 걸으면 산다"라는 말을 염두에 두고 한 걸음 한 걸음 걷기에 주력해 보지만 서툰 걸음걸이에 마음이 우울해지고 온몸이 무거워진다.

내가 움직일 수 있어야 아름다운 만남도 쉬이 이룰 수 있다는 평범한 사실에 새삼 동의하면서 희망을 향해 한 발 한 발 내딛기로 했다. 남들보다 더딘 회복에 나이 탓만 했지 스스로 노력하는 힘이 훨씬 부족하다는 생각은 못 했던 것 같다. 처음 발걸음은 넘어지지 않으려 땅만 보고, 두 번째 발걸음은 앞을 살피는 날이 거듭되다 보니, 어느새 옆도 돌아보고 하늘도 보였다. 어제도 그 전날도 거기 그대로 있었을 모든 현상이 처음 본 것처럼 반가웠다. 눈앞이 환해진다 싶더니 어느 사이 벙글거리던 빨간 꽃이 이제 내 눈에 가득 들어온다. 활짝 핀 빨간 덩굴 장미꽃, 참 화려하고 요염하다. 이래서 사람들이 장미를 좋아하나 보다. 탄성이 절로 난다. 꽃망울도 몽실몽실 죽죽 벋어있다. 홀로 고고함을 자랑하기보다 더불어 피니 더 정답다.

아기 걸음 같은 발걸음은 오늘 하루도 힘들었지만, 장미와 함께하면서 마음의 평안을 되찾는 것 같다. 이겨내려는 의지만 앞세워 나를 채찍질하는 것도 쉬운 일이 아니다. 그런데 그냥 그 모습 그대로인 것 같은 내 건강에 조금씩 가벼운 신호가 일고 있었다. 걷기가 좀 수월해지면서 주변을 둘러보게 되니 그동안 안 보이던 것이 보였다. 하루가 다르게 키를 높이는 여러 풀꽃, 어디에나 흔하게 보이는 철쭉, 산당화 등등 모두 새로워 보이고 반갑다. 그중에 담장에 기대고 자신의 계절을 준비하던 장미의 변신은 풀꽃에게만 눈길을 주던 나에게 "저도 있었어요" 하며 아직은 수줍은 모습으로 이끈다. 선뜻 나서기 싫어지는 걸음마 연습이 기다려지는 이유 중 하나는 이 장미의 유혹이다. 봄과 더불어, 품고 있던 자신만의 정열을 내뿜기 위해 인고의 시간을 견디며 준비했을 모든 생명이 대견하지만 이제까지 별 관심을 두지 않던 장미에게서, 가시에 숨겨진 남다른 기다림이 만만찮았음을 깨닫는다. 장미 울타리는 갈수록 풍성하고 탐스러워졌다. 하루가 다르게 새 얼굴을 내밀고 먼저 핀 꽃들은 새로 피는 꽃들에게 양보하듯 자리를 내주고 있다. 순서 있게 터뜨리는 꽃들이 어느새 내 마음 밭에서도 피었다. 다음 날이면 또 '오늘은 얼마나 더 피었을까?' 궁금한 마음에 꽃봉오리를 보니 아직도 덜 핀 봉오리가 많이 남았다. 잠시지만 안심이 되었다. 꽃을 보면서 걷는 나의 발걸음이 점점 가벼워지고 있다는 느낌도 들었다. 농염하다고 여겼던 장미꽃에게 아름답다라는 말밖에 주지 못했던 것 같은데 뜻하지 않게 큰 위로를 받으니 감사할 뿐이다. 이제 위로의 꽃이다.

  밖에 나가기 싫을 때마다 나의 건강을 지키기 위해 오늘도 '걸어야지. 장미를 만나 인사를 해야지', 마음을 강하게 다독인다. 같은 장소, 같은 꽃을 보면서 걷는다는 건 쉬운 일이 아니다. 장미 울타리를 바라보며 질리지 않는 아름다움에 위로를 받으며, 어찌 보면 나의 건강을 지켜주느라 내 마음에 들어온 장미, 그 덕에 매일, 같은 운동을 빠지지 않고 할 수 있었다. 매일 눈 호강에 코까지 벌름거리며 장미꽃을 마주하니 "나처럼 아름답게 살다 가시오" 하고 말하는 것 같다. 더불어 사는 즐거움을 맛보면서 재활에 힘쓰게 되고 그러자니 자연히 몸과 마음이 가벼워지는 것을 느낀다. 만개한 장미꽃 길을 걸으며 오월의 아름다움을 맛보면서 건강과 행복을 한꺼번에 잡은 것 같다. 어쩌면 내가 살아있는 것에 감사하는 순간이다.

건강에 대한 간절함으로 시작한 걷기가 신선한 설렘으로 이어져 자신과 싸움에서 이겨 내려는 마음의 결정結晶을 짓는다. 세상에는 온전하게 새로운 것이 없다지만 늘 꿈꾸던 삶의 한 조각 정도는 아름다운 추억으로 남겨두고 싶다. 가는 길 오는 길 개미 쳇바퀴 돌 듯하는 것 같아도 날마다 새로운 얼굴로 반갑게 웃어주는 장미꽃과 그 사이 살포시 고개 내민 풀꽃들을 볼 때마다 나의 건강을 응원해 준다는 생각에 고마움이 한가득 일렁인다.

시작이 반이라는 말이 있다. 시작은 미미했으나 장미꽃의 웃음소리를 들으면서 끈기로 버티고 이겨 내는 재활 운동이 차츰 맞춤 운동으로 자리를 잡았다. 똑같은 풍경이 지루하다며 산으로 들로 나가려고만 했는데 날마다 같은 꽃은 없다. 같은 곳을 싱그러운 햇살과 함께 무리하지 않게 걷고 또 걸으며 건강을 다져보기는 처음이다. 참 힘든 시간 시시각각 내게 힘을 실어주는 이런 사소한 것들이 얼마나 고마운 일인지 깨닫게 되었다. 꽃 색깔이 점점 짙어지기 시작한다. 더 예뻐지고 싶어선지, 지는 날을 감지해선지 더 많이 변하는 것 같다. 그들이 내년을 기약하고 스러지기 전 정다운 말을 걸며 열심히 걸었다. '꽃을 사랑하는 사람은 행복한 사람'이라는 말이 가슴에 와닿는다. 하늘의 별처럼 장미 울타리에 붉게 노랗게 하나씩 둘씩 응원의 징표가 뜬다. 꽃이 진 자리에 별처럼 결실의 훈장이 반짝인다. 작은 생명의 부단한 생명력을, 더 많은 성장을 위하여 다음으로 생은 계속됨을 일깨우며 내 어깨를 도닥인다.

아파트 숲속에 찾아온 아름다운 소리

　뻐꾸기 소리, 참 오랜만이다. 도시의 굉음에 밀려났으리라 추측했던 뻐꾸기 소리를 아파트 숲속에서 들으니 반갑다. 평온한 듯하지만 농사일로 술렁술렁 바쁘던 들녘에 따뜻하고 희망찬 힘을 주던 그 예쁜 소리, 나도 모르게 소리를 따라 나온 발걸음이 가볍다. 옛날 모내기하던 농부의 머리 위를 오가며 위로를 건네던 새, 뻐꾸기도 유월이 한철이라는데 벌써 유월인가 보다. 몇 달 지나면 벼가 익어 보릿고개를 넘어 하얀 이밥이 기다리고 있을 거라는 희망찬 힘을 주던 그 아름답고도 애절한 소리를 들으며 나는 모내기 대신 열심히 걷고 있다. 청아하고 아름다운 소리가 정답고 경쾌하다. 모습은 보이지 않고 소리로 자신의 존재를 알리는 뻐꾸기. 유년 시절, 들판을 누비던 아련한 그리움이 되살아난다. 전주천과 삼천 두 줄기의 합수머리에 서서 이렇게 아름다운 자연의 소리를 들으며 걸을 수 있다는 게 근래의 내가 받은 최고의 축복이지 싶다. 아파트 둘레를 사부작사부작 한 바퀴 걸으면서 건강을 다지는 시간, 자연스레 뻐꾸기 노랫소리에 맞춰 발걸음도 가볍게 오전 운동을 마칠 수 있었다.

　집으로 들어오니 뻐꾸기 소리가 들리지 않는다. 뻐꾸기 소리의 여운과 함께 옛 뻐꾸기 노래가 대신 생각나며 마음이 설렌다. 잊고 있었던 뻐꾸기 소리를 반주 삼아 오늘 해야 할 운동을 달성했다는 뿌듯함으로 한결 행복한 마음이 든다. 나이를 먹어가니 남편을 비롯해 자식들의 운동하라는 성화는 귀가 따갑다. 날마다 일기를 쓰듯 돌아가며 확인하니 집에만 있을 수가 없다. 다리가 아프니, 하기 싫고 그러다 보니 자연 게을러져서 걷기 싫어하는 나를 남편조차 가세해서 다그치니 할 수 없이 하는 운동이지만 걷는 모양새와 속도도 좋아지고 있음을 실감한다. 조경이 제법 잘 된 아파트 정원에 터 잡고 사는 여러 새소리 또한 아름답게 들린다. 게다가 오늘은 뻐꾸기 소리도 만나니 좋은 경치 찾아 멀리만 가려고 했던 마음이 무색하게 더 즐거워진다.

조용한 집안에 뻐꾹 시계도 없는데 뻐꾹 소리가 주변에 맴돈다. 밖에서 들었던 그 소리가 따라 들어왔을까? 초등학교 2학년 음악 교과서에 나오는 '뻐꾹 왈츠'가 떠오른다. ¾박자 춤곡으로 요나손의 피아노 곡이다. 가사가 입에서 맴돌았지만, 목소리도 예전 같지 않은 터라 허밍인지 뭔지 모르게 마음만 그때 풋풋했던 시절로 앞서간다.

♪ 뻐꾹뻐꾹 뻐꾸기의 노래가
  뻐꾹뻐꾹 은은하게 들리네
  뻐꾹뻐꾹 아름다운 노래가
  뻐꾹뻐꾹 가냘프게 들리네 ♪

아이들과 음악 감상한 지도 십수 년이 넘었는데 기억이 새롭게 살아난다. '뻐꾸기 노래'가 또 있다. 그 옛날 불렀던 동요(윤석중)가 스멀스멀 되살아난다. 자동 재생되듯 나오는 노래에 '아, 가사를 아직도 잊지 않고 있었구나' 하는 뿌듯함까지 일으켜 세운다. 생각으로는 잊은 것 같은데 입에선 기억하고 있었는지 술술 잘 나온다. 어려서 익힌 지식은 어른이 되며 지혜로 영글어지는데 요즈음 얻는 지식은 금세 잊어버리는 자괴감만 남지 않는가. 그 언제 적 풋풋함이 가득했을 때 기억이 이렇게 되살아나다니 마음이 흐뭇하다. 좀 더 많이 외워둘 걸 하는 생각에 쓴 웃음이 인다.

♪ 뻐꾹뻐꾹 봄이 가네
뻐꾸기 소리 잘 가란 인사
복사꽃이 떨어지네

뻐꾹뻐꾹 여름 오네
뻐꾸기 소리 첫여름 인사
잎이 새로 돋아나네 ♪

며칠이 지났다. 저녁 하늘에 개밥바라기별이 뜰 무렵이다. 오전에 못 한 운동을 채우기 위해 아파트 둘레길을 막 나서려는데 뻐꾸기 소리가 또 들린다. 그동안 잊고 있었던 나에게 잊지 말아 달라는 말이라도 전하듯 서산 너머에서 제법 크게 들려온다.

뻐꾹^ 뻐꾹^ 뻐꾸꾹^ 뻐뻐꾹~ 쉬지 않고 계속 이어지는 소리는 왠지 애잔하다. 이 저녁 뻐꾸기의 울음소리는 필시 무슨 사연이 숨어있는 것 같다. 쉼 없이 들려오는 소리에 나도 모르게 가슴이 아리고 측은한 생각이 든다. 집에 들어와서도 계속 뻐꾸기 소리가 맴돌고 마음마저 스산하다. 언젠가 텔레비전에서 다큐멘터리로 방영했던 뻐꾸기 '탁란' 비밀이 떠오른다.

원래 뻐꾸기는 집을 짓지 않고 남이 애써 지어놓은 둥지에 알을 낳고 주위에서 지켜본단다. 주로 뱁새(붉은머리오목눈이)나 직박구리 등 11종이나 되는 새들에게 기생하며 살아가는 타고난 본능을 어찌 버릴 수 있으랴. 알고 나면 참 뻔뻔스러운 새다. 그런데 이리 아름다운 목소리를 가졌다니, 아무렴 그렇게라도 해야지. 목소리로 제 새끼를 잃고 남의 새끼를 제 새끼인 줄 알고 정성을 기울이는 위탁조에게 위로를 보내는 것이렷다. 누구는 이 말에 천만의 말씀이라고 일축할 테지만 나는 그렇게라도 종족 번식을 위해 안간힘을 쓰는 뻐꾸기에게 동정표를 던진다.

실은 평화로운 뱁새의 둥지에 알을 낳아놓고 주위를 맴돌며 자신이 어미임을 알리기 위해 구슬프게 울어대며 멀리서 새끼를 지킴은 너는 뱁새가 아니고 뻐꾸기임을 일깨워 주는 것이란다. 집주인 뱁새는 까닭 모를 위탁모(유모)가 되어 제 새끼인 줄 알고 친자식처럼 정성을 다하여 키운다. 그런데 그렇게 태어난 새끼는 또 어떤 짓을 하는가. 잘 부화시켜 준 위탁조의 은혜를 갚기는커녕 둥지 안 위탁모의 알을 밖으로 밀쳐내고 혼자서 위탁모가 물어다 주는 먹이를 독차지하며 튼실하게 살아간단다. 탁란 과정을 보면 미워지는 새 중의 하나이지만, 제 새끼인지 남의 새끼인지도 모르고 키우는 유모 격인 새들의 우매함도 한몫하는 게 아닌가. 펭귄은 모여 살며 그 많은 새끼 중에 제 새끼들을 잘도 찾아 먹이를 뱉어 먹이며 남의 새끼가 모르고 품에 들면 여지없이 쪼아 쫓아내기도 한다는데 이 위탁조는 자애롭기가 하늘보다 높다 할 것이다.

거기에 비하면 뻐꾸기는 영악하고 가증스러운 얌체족에 가깝다. 목소리는 어찌 그리 아름다운지. 겉은 번지르르하고 속은 검은 사람 같다. 우리 주위에도 야비한 언설과 번듯한 모습으로 선량한 사람에게 상처를 주는 사람들이 있는 것처럼, 새 중 기생충 같은 존재임이 틀림없다. 아무리 생각해도 뻐꾸기 같은 사람은 되지 말아야겠다는 생각마저 든다.

지금은 뻐꾸기 소리가 들리지 않는다. 목청껏 울어대던 뻐꾸기가 궁금하다. 얌체 짓은 다 하면서 왜 그리 슬피 울었을까. 새끼를 불러내는 신호였을까? 지금쯤은 새끼를 데리고 어디로 떠나고 있을까? 아니면 보호 중일까? 하는 짓은 얄미워도 목소리라도 아름다워지자는 자구책은 또 어찌 깨달았을까. 탁란에 성공하고 새끼와 상봉한 어미의 마음을 생각하면 미운 마음이 좀 가셔진다.

뻐꾸기는 연어처럼 귀소본능으로 거슬러 귀향하는 철새 중의 하나라니 대대로 이어 내려온 DNA가 이끄는 본능이 유난히 강한 새인가 보다. 어디인지 모를 고향이 부르는 촉을 따라 무사히 귀소하기 바란다. 그렇게라도 종족을 번식시키려는 그러한 종種들에게 얌체족이지만 찬사를 보낸다. 그래서 우리가 아름답고 쓸쓸한 뻐꾸기 소리도 들을 수 있지 않은가. 자연의 섭리란 참 오묘하다. 만물을 창조한 신의 원대한 뜻이 숨어있겠지, 신이 만들어놓은 자연의 뜻에 순종하는 그들에게 위로를 건넨다. 조류의 생리에 문외한인 나에게도 소슬한 바람이 일렁이며 천지 만물의 위대함을 알려주는 것 같다.

지금은 뻐꾸기 대신 매미의 소리가 저녁 하늘에 당당하게 퍼진다. 많은 세월을 어두운 땅속에서 인고하다가 자기의 힘으로 종족 번식을 꾀하는 중에도 누구에게도 해를 끼치지 않는 정직한 곤충이라는 생각이다.

수많은 생명이 꿈틀대는 이 지구가 이것저것 따지지 않고 모든 생명에게 공평하게 내주는 포용력에 경외심을 느낀다. 이어지는 생명줄의 인연도 때가 있고 섭리가 있음을 우리가 어찌 알겠는가, 새삼 깨닫는다.

오고 가는 시절 인연 속에 어느새 얄미움은 잊고 내 귓가를 맴도는 뻐꾸기 소리가 맑고 그윽하다.

풀꽃 이야기

　멀리서 불어오는 봄바람과 함께 꽃을 피운 풀꽃. 내 마음 밭에 들어와 상냥하게 웃음 짓는다. 참 예쁘다. 항간에 풀꽃도 꽃이냐는 말도 있지만, 내가 요즘 들어 풀꽃을 보면서 경이로움에 감탄사를 연발할 때가 한두 번이 아니다. 농사짓는 사람들이 들으면 무슨 한가한 소리냐고 하겠지만 보석처럼 예쁜 풀꽃도 많다. 풀과 전쟁을 하면서 농사짓는 분들도 풀꽃의 어여쁨을 몰라서 뽑아 사정없이 던져버리는 것은 아닐 것이다. 한 후배 어머니는 풀을 뽑을 때마다 '미안하다 미안하다' 하면서 뽑되 던지지는 않으셨다고 했다. 농사에 방해가 되기는 하나 최소한의 예우를 갖추어주는 것이리라. 겨울을 이기고 나온 풀과 나물들은 옛날 기근으로 먹을거리가 부족했을 때 우리의 밥상을 지켜주기도 했으니 얼마나 고마운가. 또한, 현대 시대에는 땅을 살리고 공기를 정화시키면서 한국인의 영양식으로 각광받고 있으니 여러 가지로 감사해야 할 일이다.

　나태주 시인이 읊은 대로 '자세히 보아야 예쁜', 이게 바로 풀꽃이다. 어디 풀꽃뿐이겠는가. 모든 만물은 보면 볼수록 예쁜 것들이 많지만 남의 눈에 잘 띄지도 않는 쪼그만 녀석들이 내 마음을 흔들어

놓는다. 강인한 생명력으로 봄이 오기도 전에 꽃을 피우고 의젓하게 눈웃음치며 봄맞이를 준비시키거나 겨울에도 퍼렇게 살아 지고 지순한 사랑, 꽃을 마련한다.

30년 전, 따스한 추억과 함께 떠오르는 야생초, 지금은 연락이 두절되어 추억과 함께 남아있는 친구. 꽃 가꾸기를 유난히 즐기며 정지용의 시,「향수」에 곡을 붙인 노래를 구성지게 즐겨 부르던 그녀가 떠오른다. 들판에 피어있는 풀꽃이 너무 사랑스러워 따왔다는 깜밥나물. 풍성하고 탐스럽지는 않으나 그 친구의 성의가 고맙고, 조촐한 꽃이 예뻐서 예쁜 유리그릇에 담아, 온 식구들이 보는 탁자 위에 놓아두었다. 오며 가며 들여다보니 마음이 환해졌었다. 추위가 채 가시지도 않았는데 꽃을 피운 이름도 모르는 앙증맞은 풀꽃을 받아 들고 설레었던 마음이 지금도 생생하다. 꽃이 없는 철에 다른 꽃들보다 일찍 봄소식을 알리느라 여린 꽃을 피우며 추위도 아랑곳하지 않고 제 자리를 지키고 있었을 텐데 느닷없이 사는 곳을 떠나 온 풀꽃에게 지금도 미안하지만, 꽃이 진 후 땅에 심어줬던 기억도 함께 생생하니 조금은 위안이 된다. 그냥 버리자니 생명이 안타깝고 화분에 옮겨심기에는 하찮은 풀이라 생각되었기 때문이었을 것이다.

그리고는 친구의 풋풋한 마음을 꽃꽂이하듯 두었던 그때부터 풀꽃과 눈 맞춤이 일상이 되었고 나는 풀꽃을 좋아하게 되었다. 그 후 나의 닉네임을 '풀꽃'이라 정하고 풀꽃 사랑에 빠졌다. 주저앉아 만나보고 쫓아가서 '자세히 오래' 반가워했다. 진보라, 연보라, 노랑, 하양 등의 색의 조화가 얼마나 다양한지 하늘의 별이 올망졸망 내려와 반짝이는 것 같아 내 몸과 마음에 생기가 돋았다. 그러면서 차츰차츰 이름도 알게 되어 풀꽃이라 부르지 않고 제 고유한 이름을 불러주게도 되었다. 크고 화려한 꽃 못지않게 일상에 쫓기듯 살아가는 사람의 마음을 평온하게 해주어 고마웠다.

퇴직 후 몸과 마음에 여유 시간이 많아져서 천변이나 둔덕을 오르내리며 풀꽃을 보느라 시간 가는 줄 모른다. 온 들녘에 납작 엎드린 채 꽃등을 켜고 아주 낮게 무더기무더기 마주 앉아 있는 모습이 설중매의 인고를 닮은 것 같다. 아주 작지만 부지런하게 봄을 일깨우는 선두 주자로 앞장서는 모습을 보니 더없이 사랑스럽게 보인다.

봄이 오면 앙증맞은 풀꽃이 지천에 흐드러지게 핀다. 팥알만 한 크기의 자수정이 박힌 것처럼 잔잔히 한들거린다. 낯익은 풀꽃을 넋을 잃고 오랫동안 바라본다. '자세히, 오래' 볼수록 더 예뻐지는 풀꽃. 살랑살랑 웃어대는 것 같아 무릎을 낮추고 마주하다 보면 볼수록 질긴 생명력이 느껴지고 깜빡거리는 눈빛이 초롱초롱하다. 우리 서민을 '민초'라 부르는 이유가 충분하다 생각된다.

우리 조상들은 참 개구졌다. 풀꽃의 이름을 알아가면 갈수록 그 익살과 해학에 놀라곤 한다. 솔직담백한 심성이 담겨있어 정겹다. 좀 겸연쩍지만, 한 가지 이름을 소개하자면, '개불알꽃'이라는 풀꽃이 있는데 자주 불러보기 좀 민망해선지 꽃과 이름이 별로 어울리지 않고, 일찍 봄소식을 알린다고 해서 예쁜 이름 '봄까치꽃'으로 개명했단다. 어떤 익살꾼이 이름 지어놓고 자기들끼리 얼마나 웃었을까. 저녁 밥상에 오를 나물을 캐다가 지루함을 달래려는 듯 파안대소했을 아낙들이 떠오르던 이름이었다. 이 글을 읽는 분들도 다 알겠지만, 또 한 번 웃어보시라. 덧붙이자면 멸종된 풀꽃도 많다 하니 나물을 캘 때는 까치밥 남겨주듯 조금씩 남겨두어야 할 것이다.

봄이 오면 어디서나 볼 수 있는 봄까치꽃은 주어진 자리에서 조용히 추위를 견디며 피고 진다. 아무도 보아주는 이 없어도 부지런하게 꽃을 피우는 야생화. 화려하게, 풍성하게, 흐드러지게, 함박지게 피는 이름 있는 꽃들에 비할 바가 아니라는 걸 새삼 느낀다. 봄까치꽃 옆에 광대나물꽃도 피어있다. 괭이밥도, 보리뱅이도, 큰방가지똥도, 그들 옆에, 또 저만치 떨어져서 무더기무더기 마을을 이루듯 이름을 알 듯 모를 듯한 풀꽃이 모여 피었다. 이웃하고 어깨 맞부딪히며 같이 살자는 듯 보인다. 옹기종기 모여 앉아 무슨 얘기를 주고받을까. 나의 귀가 좀 더 예민해져서 저들의 말을 잘 알아들을 수 있으면 좋겠다는 생각에 실소를 머금는다. 흠벅지게 큰 꽃들이 피기 전 삭막한 들판을 누가 푸릇푸릇 깨우며 꽃등을 켜 밝히겠는가. 내로라하지 않는 저 작은 몸짓, 저 작은 얼굴을 볼 때마다 고맙기 그지없다.

우리가 사는 사회에도 찾아보면 이런저런 궂은일들을 보이지 않는 곳에서 묵묵히 견디면서 일하며 살아가는 아름다운 사람들이 많다. 서로를 위하면서 더불어 살아가는 사회의 일원으로 앞장서는 사람들이 더욱더 필요한 세상이다. 나는 얼마만큼 앞장서고 있는가. 사회 질서와 대중들의 평안을 위해 내가 할 수 있는 일에 성의를 보이며 조용조용 살아야 할 일이다. 어려운 시대에 살면서도 사람들의 생활이 메마르지 않고 풍요롭게 살아갈 수 있도록 주변을 살펴보는 혜안을 가진 영웅이 많은데 그들을 알아주고 존경해 주는 태도부터 길러야 할 일이다.

오밀조밀 붙어살면서도 서로 간섭하지 않는다는 생각으로 모른 척하며 목례 한 번 하기가 그리 어려운 우리네 아파트 문화가 본받아야 할 풀꽃들의 겸손과 내공이 아닌가. 지금이라도 내가 먼저 손 내밀어 주고 인사라도 건네면 좋을 텐데 하는 생각이 앞선다. 시작이 반이라는 말처럼 곧장 용기를 내어 실천에 옮겨야겠다.

격세지감隔世之感

우리는 하루하루가 다르게 변화하는 디지털 시대에 살고 있다. 홍수처럼 밀려오는 정보들을 소화해 내느라 사람들의 머리는 쉴 틈이 없다. 소화 흡수가 빠른 아이들과 젊은이들은 날이 다르게 컴퓨터를 활용해 편리함과 즐거움에 빠져들고 있다. 그러자니 점차 손으로 쓰고, 그리고 하는 노작勞作 활동을 싫어하는 일이 다반사다. 빠름의 미학을 고집하며 즐기는 아이들에 비하면 컴퓨터나 손전화 활용도가 현저히 낮은 나로서는 눈이 핑핑 돌 지경이다. 급하게 느껴지는 새로운 세대 차이다.

디지털 세대(MZ세대)들은 컴퓨터를 스스럼없이 다루고 인터넷망이 발달하여 회사 일도 재택근무로 처리하는 일이 많아지고 있다. 모든 문서 정리는 물론 글쓰기, 그림 그리기 등 창작 활동도 컴퓨터에서 한다. 핸드폰으로도 다양한 편리성과 즐거움을 찾아 신속하게 생활하고 있지 않은가. 소위 '라떼호스'라는 신조어처럼 말해 본다면, 나의 젊은 시절 직장 생활은 그야말로 작은 전쟁터였다. 정해진 시간보다 20~30분 안에 출근해서 얼굴도장을 찍어야 했고 그러기 위해서는 새벽에 일어나 부산을 떨어야 했다. 혹시 차를 놓치거나 해서 늦으면 지각 처리가 되고, 근무 태만으로 근무일지에 기록되기도 했다. 모든 문서는 정자正字 수기였으며 악필이면 결재받을 때 퇴짜를 받아 다시 쓰는 일이 다반사였다. 그때는 직장인 거의 모두 정자체 즉 궁체 글씨를 잘 썼다.

시시각각 변하는 문명 변화 속도를 노년 세대들은 따라가려 아무리 노력해도 역부족이다. 나도 겨우 기본적인 것만 익혀 사용하고 있다. 다루다 보면 신기술이 편하고 간단한데 기계치인 나로서는 익히는 데 시간이 좀 걸리고 자주 사용하지 않으면 처음으로 돌아가기 일쑤다. 그래서인지 나는 내 손으로 반듯하게 써야 직성에 맞는다.

은행 업무도 그랬다. 창구에서 직원을 대면해서 해결하는 것이 더 편했고, 자동화기기가 도입되면서 좀 어리둥절하다가 지금은 익숙해지니 그게 더 편해졌다. 이 정도면 참 편리한 생활을 한다고 자부하며 살았다.

그런대로 필요한 부분을 보완하며 살아온 내게 일상생활을 하는데 어려움에 부딪히는 일이 일어났다. 발을 헛디뎌 인대가 늘어나 집 안에서도 걷기 힘들게 된 것이다. 여러 날이 계속되니 불편한 게 한두 가지가 아니었다. 밖에 나갈 일은 왜 그리 많이 생기는지. 내가 그렇게나 일을 많이 하고 다녔나 할 정도였다. 처음에는 주위 사람을 통해 일을 마쳤지만, 부탁하는 것도 한두 번이지 번거로움과 미안함으로 마음이 편치 못했다. 그중에 은행 업무가 가장 힘들었다. 지난 일이지만, 폰뱅킹 제도가 처음 상용화될 때였다. 핸드폰이 나오기

전이니 집 전화로 몇 가지 은행 업무를 처리하는 것인데 수화기에서 나오는 지시대로 정확하고 속도에 맞게 숫자를 눌러야 했다. 처음이라선지 기계 앞에서 괜히 더듬거려지는 버릇 때문인지, 숫자를 잘못 입력하는 바람에 난처했던 일이 있었다. 그 후론 은행까지 손수 가서 자동화기기에 의지하는 불편도 감수했다. 마땅히 나갈 곳도 없는 노인으로서는 운동 삼아 그리 나쁜 것도 아니었기에 지금까지 잘 지내온 것인데 이를 어쩌나.

언젠가 은행 창구 직원이 은행까지 오지 않아도 콕뱅크라는 앱을 사용하면 몇 가지 업무는 해결할 수 있다면서 깔아 주었는데 이때다 싶어 사용하려고 시도해 보니 작동이 안 되었다. 그 사용법을 잊어버린 건가, 오래된 앱이 내 말을 안 들어주는 건지, 한참을 끙끙대고 있는데 마침 큰딸이 왔다. 콕뱅크 기능을 되살려 자세히 일러준다. 그런데 막상 살려놓고 나니 갑자기 겁이 났다. 기계치의 한계를 넘지 못하고 또 실수하여 여러 사람 고생시키면 어쩌나, 자신이 없어졌다.

"아유, 싫어! 싫어!" 고개가 절로 흔들어지고 손사래까지 치고 말았다.

"다리가 다 나을 때까지 조금만 참을게." 딸 앞이지만 쥐구멍으로 들어가고 싶었다. 젊은 딸은 핸드폰을 몇 번 두드리니 되는 것을 나는 얼른 알아듣지 못하다니, 부끄럽고 서글프고 노년의 한계인 것 같기도 하여 더 손사래를 쳤던 것 같다.

"엄마, 앞으로 종이 통장은 없어져요. 이참에 인터넷뱅킹을 익히세요."

"난, 기계치인가 봐. 그 순서를 어떻게 익히니?"

거부감이 일며 힘이 쑥 빠지고 손은 떨리기 시작했다. 손사래를 치며 뒤로 물러나려는데 내 고집보다 의욕이 앞선 딸애의 집요한 설득에 두 손을 들고 말았다. 못 이기는 척 순서대로 적어가며 차례차례 딸애의 지시를 따랐다. 딸의 계좌번호를 쓰고 송금할 금액 1원을 쓴 후 송금을 눌렀더니 1원이 딸 통장으로 들어갔다.

"김 여사님, 1원 보내주세요." 더듬더듬 겨우 1원을 보내고 나면, "1원~ 감사합니다. 하하!"

나이 든 엄마를 훈련시키기 위해 며칠간 저녁마다 잊지 않고 딸애가 카톡을 보낸다. 도합 7원을 투자하고 익숙해졌다. 이렇듯 편리한 제도를 맛보니 재미있고 조금 젊어진 것도 같다. 핸드폰뿐만 아니라 문명의 이기들이 우리 생활을 편리하고 안락하게 해주는데 나만 모르고 있는 경우가 많을 것이다. 무조건 생소하다는 이유로, 기계치라는 이유로 외면한 신기술과 신 기기들이 상당히 있을 텐데 아쉬운 생각이 든다.

새로운 일에 도전할 때 진정한 용기가 필요하다. 이번의 작은 에피소드를 계기로 누구나 새롭거나 두려웠던 일, 특히 자신의 약점이라며 도외시했던 일들에 도전하고 연습을 실천하라 권하고 싶다. 알아가는 것보다 연습이 더 어렵지만 나도 할 수 있다는 자신감과 인내심이 있다면 무엇이든 못할 것이 없다. '아는 것이 힘'이라는 걸 깨닫는다. 지식으로만 채워진 삶보다 상식이 통하는 깨우침 속에서 얻어지는 지혜가 더 소중하다. 나부터도 어지럽게 발전하는 디지털 시대에 앞장서지는 못하지만 당당하게 꼭 필요한 것, 아니 필요하지 않는 그것까지도 알아가려는 적극적인 자세가 필요하다. 우선 '나는 노인이지만 아직 노인이 아니다'라는 억지 자부심을 가져보는 것도 좋은 일인 듯싶다. 다른 노인들은 쉽게 깨우친 것들을 기계치라는 혼자만의 열등감으로 미리 포기한 일들은 없었는지 반성도 해본다. 핸드폰이나 컴퓨터는 어릴수록 더 잘한다는 말이 맞다. 이 글도 컴퓨터로 쓰고 있지만 왠지 격세지감이 인다.

말이 곧 마음

　오래전의 일이다. 어느 전자제품 가게에 문을 열고 들어섰는데 주인은 보이지 않았지만, 손님을 맞는 음성이 들렸다.
　"안녕하세요, 어서 오십시오."
　상냥하고 부드러운 음성으로 손님을 맞이한다. 그런데 어쩐지 좀 상투적이다. 참 독특하고 인상적이었으나 가게 안엔 손님을 맞이하는 직원은 얼른 나타나지 않고 문을 열고 들어서는 손님을 맞는 건 음성 기계음의 다정한 인사였다. 인위적인 인사말로 들리지만, 손님을 맞는 가게 주인의 남다른 에티켓이라 생각하니 이 또한 괜찮은 방법이라는 생각이 들었다.
　제법 신선한 기분으로 가게에 진열된 제품들을 둘러보다 원하는 물건이 눈에 띄지 않아 그냥 문을 열고 나오는데 또, "안녕하세요, 어서 오십시오"라고 반복 음이 들렸다. 떠나는 사람한테 어서 오라니 웃음과 함께 "그냥 가지 말고 뭐라도 사가지고 가세요" 소리로 들린다. 아무튼, 손님을 맞는 상술이랄까. 오는 손님에 대하여 친절하게 봉사하는 마음으로 대할 수 있기를 바라서였는지 녹음된 그 몇 마디가 기발한 아이디어라는 생각과 함께 충분히 친절한 응대를 받은 것 같아 좋았다. 한 번 웃었으니 됐다. 단순하지만 음성 몇

마디에 내 마음이 편안하게 미소 지을 수 있었던 것을 생각하니 내가 지도했던 아이들에게 스스로 고운 말을 쓰고 친절이 몸에 배도록 했던 그때가 떠오른다.

　작은 친절을 실천하는 자세로 아이들의 따뜻한 둥지를 만들어가고 싶었기에 열성적으로 아이들과 약속하며 현장에서 앞장섰던 때, "고운 말을 쓰자"라는 급훈을 내걸고 간절한 마음으로 아이들의 마음을 움직이게 노력했던 때, 지금도 그러겠지만 그때도 교사들 거의 모두 긍지 높은 사명감과 모범적인 윤리의식으로 똘똘 뭉쳐있었다. 전후 피폐해진 사회의 교사들은 모든 언행과 생각조차도 타의 모범이 되어야 하고 아이들에게 단정한 몸 매무새와 정직한 사고와 아름다운 마음씨를 지니게 교육해야 함을 타의 반 자의 반 인정하고 수행해야 했다. 또한 타민족의 찬탈과 6·25라는 전쟁의 상흔에서 빨리 일어서기 위해 조부모들은 일터에서 바쁘고 힘들었으므로, 2세들의 지식 교육과 인성 교육 모두 교사들의 책임이었다. 부모들은 "학교에서 그렇게 배웠어?" "너희 선생님이 그러라고 가르치더냐?" 또는 "선생이 되어가지고…" 하는 말을 곧잘 하던 시대였고 잘못한 일도 없는데 허리를 깊이 굽히며 자녀들의 선생님 앞에서 쩔쩔매던 시대였다. 그러면서 교사들은 얼떨결에 부끄러움 반 소명감 반 다지며 좋은 '선생님'이 되리라는 다짐을 수없이 하곤 했다. 따라서 교사의 사명감과 마음가짐 등의 연수회도 많았다.
　1년 동안 한 교실에서 한 교사에게 배운 초등학교 아이들은 '글씨'와 '성품'까지 그대로 담임선생님의 복사판이 되어가기도 했다. 교육

환경이나 생활환경, 부모들의 지식수준 등 지금의 아이들과는 판이하였던 그 시절, 아이들은 담임선생님의 일거수일투족을 보고 배우며 자라는 시절이었다.

그래서 선생님 말 한마디 한마디는 그대로 아이들에게 수용되고 전수될 것이라는 우려로 교사의 입지는 정말 중요했다. 지금은 인성이나 지식이나 학교 말고도 얼마든지 보고 배울 수 있는 좋은 세상이 되었다. 그때보다 잘살게 된 지금 학력 수준이 높아진 이 시대 부모들은 여전히 바쁘고 힘들며 학교 교육만으로 만족하지 못하는 풍조까지 곁들여 우후죽순 격으로 늘어난 사교육 기관을 통한 자식교육에 온 힘을 쏟기도 하지만.

사회가 각박해지면서 크고 작은 범죄도 지능적이고 폭력적으로 다양해지고, 날이 갈수록 자신의 죄를 부끄러워하지 않는 세상이 되어가고 있는 오늘날, 누가 누구에게 당당히 책임을 전가할 수 있을까? 어쩌면 우리 모두 자본주의 시대에 살면서 황금만능이라는 황폐한 생각에 젖어 알게 모르게 교육받고 교육하는 사회를 만들어 왔기에 누구라 탓할 수 없지 않겠는가.

그 시대의 아이들에게는 따스한 손길이 더 필요했고 따뜻한 한마디 말로라도 품어주는 무조건적인 사랑도 정말 많이 필요했다. 마음의 여유를 가지고 배려와 용서를 더 많이 뿌려주었다면 아이들은 절로 따뜻한 사람으로 자랐을 것이다. 그 저력으로 서로에게 따뜻한 마음을 나누며 이 사회를 바르게 이끌어갈 주인으로 당당하게 앞장서서 큰일을 하는 아름다운 사회의 일원으로 자라지 않았을까. 교사의 임무가 막중했던 그때를 돌이켜 생각해 보니 나는 어떻게 아이들을 교육해 왔는지 후회스러움과 부끄러움이 앞서거니 뒤서거니 한다. "내가 스스로 더 변해야 했다"라는 반성문을 뒤늦게 쓴다.

세상에는 얼마나 좋은 말이 많은가. 말이 그 사람을 만든다고 한다. 말은 그 사람의 본모습이라는 말이 있듯이 진실한 마음으로 고운 말을 주고받는다면 세상이 환하고 향기로워질 것이라는 생각에, 작은 친절이 몸에 배도록 그때 인성 교육의 한 지표로 내세우던 '고·미·안' 운동을 우리 아이들부터 실천하게 했다. 흔히들 "말은 마음의 표시"라는 말을 많이 했다. 그땐 고운 말과 바른 말을 쓰는 심성 바른 어린이를 기르는 게 교사들의 첫 번째 임무였으니까.

말로 천 냥 빚을 갚는다는 예화를 들려주고 서로 주고받는 작은 사탕 하나나 심부름에도 머리를 쓰다듬어 주면서 "고맙습니다" 하며 표현하는 언어생활을 스스로 실천하려 노력했다. 뛰어놀다 부딪치거나 잘못해 발을 밟았을 땐 용서를 비는 마음으로 "미안합니다" 하며 얼른 화해하는 태도를 심어갔다. "안녕하세요." 매일 만나는 우리끼리지만 항상 웃는 얼굴로 인사하도록 지도했다.

한 달, 두 달이 흘러가는 동안, 처음에는 '고·미·안'에 서툴러 계면쩍고 쑥스러워 부끄러워하던 아이들의 입에서 어느덧 익숙하게 마음에 밴 친절한 언어들이 흘러나왔다. 서로서로 웃으며 기분 좋은 말을 골라 사용하는 데 점차 익숙해지고 아이들의 밝은 모습이 가득한 교실에 듣기 좋은 언어들이 별처럼 반짝였다. 서로를 이해하고 떳떳하게 용서를 비는 마음, 칭찬할 줄 알고 고마움을 받아들이는 마음, 인사에 인색하지 않은 아이들의 모습을 보며 이들이 성장하여 이끌어 갈 사회를 그려보면서 가슴 따뜻한 훗날을 그려보는 꿈도 꾸었다. 10년 또는 20~30년 후의 나는 어쩌면 좀 더 따뜻하고 자애로운 세상에서 노년을 누리게 될지도 모르잖은가 했다. 이것이 한낱 희망으로 끝나지 않았고 요즘 세상은 '고·미·안'이란 말이 생활화되고 있다. 간혹 마음보다는 말이 앞서기도 하지만.

내가 그 희망을 이루기 위하여 고운 말 쓰기 운동의 씨를 뿌렸다는 자부심과 함께, 어느 곳에서 그때의 한 교사의 노력을 지금은 고맙게 생각하며 자녀나 손자 손녀에게 모범이 되고 있을 꼬마 어른들의 마음 밭에서 친절한 언어의 새싹이 돋아나고 향기 나는 말이 피어나 반짝이기를 바란다.

"사랑해요."
"힘내! 할 수 있어."
"축하해, 멋져, 최고야."

3부

붉은 햇살 품은 나이테

상선약수 上善若水

계묘년癸卯年 마지막 달 초입이다. 또 한 해가 쏜살같이 지나간다. 마음이 스산해져 있는데 한동안 연락이 끊겼던 지인으로부터 주소를 묻는 전화가 왔다. 아직도 여전한 목소리가 금방 40년을 주름잡아 훌쩍 뛰어넘는다. 인연이 지어진 지 꽤 오랜 세월이 흘렀다. 중년의 한가운데에서 한참 바쁘던 시절 인연이다.

마감 날이 정해져 있기는 하지만 막상 직장에서의 정년은 각각 달랐다. 평생토록 몸과 마음을 담은 직장에서 풀려나와 남아나는 시간을 어찌 보낼지 어리둥절했다. 갑자기 맞이한 여생의 빈 시간이 허허롭다. 그간 놀아보지 못했으니 재미있게 놀 방법을 모른다. 서예를 해볼까, 글을 써볼까, 그림을 배워볼까, 여러 사념이 머리를 스친다. 그 생각 끝에 모두 뭔가를 시작한다. 가보지 못한 곳으로의 여행이나, 노래, 춤, 악기 연주, 운동 등 각종 프로그램에 등록도 하며 각자의 길을 탐색한다. 나름 하고 싶었거나 소질이 있다고 여겨지는 분야에서 즐거움을 얻으며 여유 시간을 즐긴다. 그러나 대부분, 이 지인처럼 오랫동안 한 우물만 파지 못하고 방향을 바꾸거나 중도에 그만두는 일이 허다하다. 나이가 들어가니 계속하기 어렵기도 하고 이것저것 하고 싶은 일도 많아 바꿔가면서 즐기기 때문인 게다.
 젊을 때의 파릇한 신선함이 한참이나 퇴색한 이 황혼에, 해는 자꾸 뉘엿거리느냐고 마음은 급하고, 해 보고 싶은 것들도 많으니 종잡을 수 없는 사념의 귀착점을 찾기 어렵다. 여러 가지 종목을 전전하다가 자기에게 맞는 한두 가지에 매달려보고는 늦게 배운 도둑이 밤새는 줄 모른다는 옛 속담과 같이 밤을 새운 이들은 마음을 붙잡아 맬 하나를 찾아낸다. 젊은이들이 한 시간 공들일 것을 나이 든 우리는 몇 시간 아니 며칠을 끙끙대도 마뜩잖다. 부끄럽고 무참하기까지 하며 웬 사서 고생인가 하여 놓고 싶은 생각도 많다. 그래도 대부분 늦게 시작했으니 얼마 남지 않은 아까운 시간을 소질이 있건 없건 꾸준히 세월을 보태고 변함없는 노력을 더하고 더하다가 뭔가 한 가지씩 풀어낸다.

 반가운 이 지인은 퇴직 후 열심히 갈고닦은 귀한 작품을 한자리에 모아 전시회를 열었다는 전갈이다. 열심히 하겠다는 약속대로 그동안 갈고닦은 실력이 고즈넉이 빛이 난다. 퇴직 후 이 지인은 서예를 익히고 나는 글을 익혔으니 제목은 달라도 내용은 비슷한 동지애가 느껴진다. 며칠 후 서예와 문인화를 겸한 전시회 도록과 초대작가 전시회 도록을 보내왔다. 그이의 열심히 산 흔적이 묻어 있다. 많은 시간과 노력의 흔적을 쏟아낸 작품, 문기文氣가 가득 피어난다. 직장 일도 성실하며 가족에 대한 헌신도 아끼지 않던 그가 서예 작가로서 노년을 즐기고 있으니 고마운 마음이 인다. 이렇게 좋은 작품을 펴내느라 얼마나 고되고 즐거웠을까.

바쁘게 각자의 삶을 지나며 눈에서 멀어져도 서로 마음 나누던 정을 잊지 않으면 언젠가는 또 연결되는구나, 하는 생각이 들어 감사한 마음이 더해진다. 언제 이렇게 마음 수련을 하며 많은 작품을 남겼을까. 반갑고 기쁜 마음으로 한 장 한 장 도록을 넘겼다.

의미 있는 글귀를 여러 글씨체로 써 놓은 중에 아름다운 예서체로 쓴 상선약수上善若水라는 글씨가 눈에 띈다. 뜻도 좋고 글씨 품새도 좋은 편액이다. 현대를 살아가는 우리에게 들려주는 옛 성인들의 가르침이 집약된 사자성어로, 노자가 도덕경에서 일러준, "최상의 선은 물과 같으니 물처럼 살아가라"라는 뜻이다. 어떻게 사는 것이 잘 사는 길일까. 항상 의구심을 안고 살아왔다. 언제나 다가오는 미지의 세상은 두려움 반 기대 반이었다. 나뿐만이 아니라 다른 사람들도 상선上善이란 어떤 마음가짐을 말하는 것인가, 알 듯도 모를 듯도 하며 지금까지 살아온 나날도 앞으로 살아갈 날들도 기적이라 생각하며 지내왔을 것이다. 그런데 물처럼 살아라, 세상이 발달하면 할수록 우리의 몸과 마음에 상처로 남을 만한 위험이 곳곳에서 발생되고 있고, 그 변화에 따른 적절한 대처 능력이 적재적소에서 발휘되기 어려우므로 일러주는 말 같다. 여생이라도 물처럼 살아보자는 다짐을 다시 하게 만드는 성현의 가르침이다. 빈손으로 와서 빈손으로 가는 우리에게 이승의 집착을 모두 떨쳐버리고 물처럼 살아가라니 겸손의 철학이다. 물처럼 자신을 낮추고 주변을 이롭게 하는 삶을 살아라, 범인들은 쉽게 따라 할 수 없는 준엄한 가르침이 새삼스럽게 마음에 점 하나 찍어준다. 낮은 곳으로 흘러가다, 어디에나 있는 장애물을 만나면 스스로 길을 내며 피하지도 머물지도 않고 아우르며 흐르는 물의 가르침을 또 한 번 깊이 새긴다.

맑은 물은 깊은 속을 다 내보이며 담백하다. 무엇에 더럽혀졌어도 동요하지 않고 속을 차분히 가라앉히고 다시 물로 돌아간다. 철학의 창시자라고 불리는 철학자 탈레스도 "만물의 근원은 물[水]이다"라고 하였다. 이 철학자들이 가리키는 물[水]이 뜻하는 바를 새삼스레 음미해 보며 앞으로는 더욱더 물을 닮아야 하는 만추의 시간에 좋은 가르침 하나 새겨본다. 물의 깊은 뜻뿐만이 아니라 모든 생물의 생존에 없어서는 안 될 물의 소중함을 알게 해준 상선약수上善若水, 이 글귀를 통해 아낌없이 누구에게나 은혜를 베푸는 물처럼 항상 겸손하고 청정淸淨하게 살아가기를 소망해 본다.

축하를 담은 마음의 꽃다발 한 아름과 함께 얼마 전에 펴낸 나의 시집을 고이 접어 보내야겠다. 지인도 나처럼 반가워하리라.

눈부신 봄날에

　꽃, 꽃, 꽃. 온 세상이 꽃이다. 올해 봄은 유난히 꽃이 화려하고 눈이 부시다. 만개한 꽃잎들이 바람에 휘날리며 상춘객을 불러들인다. 봄날을 즐기는 사람들이 꽃만큼이나 많다. 광양 매실마을, 산동 산수유마을에서 맨 먼저 시작된 꽃 축제를 비롯해 전국 각지에서 연신 터져 나오는 봄, 봄. 겨우내 움츠렸던 몸과 마음을 활기차게 열고 꽃길을 만드는 봄만큼이나 아름다운 인파로 붐비기 시작한 꽃 대궐. 남녘에서부터 매화, 산수유, 벚꽃, 철쭉꽃, 앞다투어 활짝 피어오른다. 이쯤이면 마음은 저 멀리 꽃놀이에 달려가 있다. 꽃의 향연을 만끽하며 꽃 마중하고 싶어진다.

　아니나 다를까, 올해도 어김없는 지인의 배려로 우리 부부가 애써 멀리 가지 않고 전주 근교의 벚꽃 길을 원 없이 구경했다. 남편이 운전하지 않게 되면서부터 거의 해마다 꽃철이 되면 우리를 살뜰히 챙겨주는 분이다. 두 분과 같이하는 꽃구경이 저희도 즐겁다고 하는 지인에게 미안하고 고마운 마음으로 우리는 못 이기는 척, 흔쾌히 따라나선다.

　전주 삼천 천변을 지나 금산사까지 이어지는 길은 끝없는 벚꽃 터널이다. 차창 밖으로 꽃잎이 눈송이처럼 내리고, 하르르 꽃비가 내리기도 한다. 천천히 운전해 주다 가끔 내려서 꽃비도 맞아보라며 나무 아래 세워놓고 사진도 찍어준다. 벚꽃 터널은 화려하다 못해 무아지경인데 미안한 마음으로 어정쩡하게 서 있는 우리 부부의 노쇠한 모습이 그래도 정겹고 보기 좋다고 한다. 보는 눈이 정겨우니 그리 보이는 게다.

아, 하얀색의 청초함이 이렇게 화려하고 아름다울 수가! 천지가 꽃구름이고 꽃방석인 이 봄날, "꽃이 지기 전에 모시고 싶었다"라며 모처럼 쉬고 싶었을 휴가 날에 귀중한 시간을 내어준 지인의 순수한 마음이 꽃보다 더 아름답다. 고된 운전을 마다하지 않고 벚꽃 구경을 시켜준 고마운 마음 잊을 수가 없다. 우리는 언제 갚을 날이 있을까 싶기도 하니 서글프기도 하다. 우리도 젊었을 적에 가끔이지만 차 없는 후배나 선배를 태우고 나들이를 시켜준 적이 있다. 그때는 우리도 같이 구경하는데 뭐가 그리 어려운 일이라고 못 할까 했었다. 까마득하게 먼 시절이 되었지만, 그때 그분들도 지금의 우리 부부의 마음과 같았을 거로 생각한다. 이래서 아직은 살 만한 세상이라는 걸 마음에 담는다.

벚꽃 구경으로 시작된 꽃 복이 연이어 터졌다. 보는 것만으로도 힐링이 되는 형형색색의 꽃들이 여기저기서 피어나는 이 봄날에 생각지도 못한 봄꽃 여행을 또 다녀왔다. 신안군 압해읍 1004분재정원에서 '대한민국 새우란 대전'이 열렸다. 전남 무안과 신안을 이어주는 김대중대교를 지나 압해읍에 50만 평의 터를 잡은 최병철분재기념관에서 1,004점의 새우란 전시를 열었다. 전시장은 은은한 향기와 화려함을 간직한 다양한 색상의 새우란으로 가득 차 있다. 새우란과의 첫 대면이다. 새우란의 찬란하고 오묘하고 화사한 아름다움이 마음을 설레게 한다. 몸과 마음이 저절로 치유되는 순간이다. 초록 잎 속에서 노랑나비 흰나비가 금방 날아오를 것 같고 금방 새우가 튀어나올 것 같다. 식물은 꽃으로 자신을 나타내는 경우가 많으니 나비란이라 하고 싶다. 자연이 빚어낸 아름다움에 탄성이 절로 난다. 눈에 담고 마음에 담고 사진에 담느라 시간 가는 줄도 모르게 분주했다.

겸허와 성실이라는 꽃말이 나의 마음을 사로잡는다. 난이라 하면 단아함, 청순함, 정결함 등의 상징처럼 느껴지는데 역시 모두 같은 생각인가 보다. 우리나라에 자생하고 있는 새우란 종류는 새우란, 금새우란, 한라새우란, 여름새우란, 신안새우란, 다도새우란 등 6종으로 알려져 있다. 새우란은 땅속에서 옆으로 연결되는 구경이 새우 등을 닮았고 구경에서 내려진 5~6개의 뿌리는 새우 다리와 형상이 비슷하다 하여 이름이 붙여진 난의 일종이란다. 한두 촉 심어 가꾸어보고 싶으나 이것도 젊었을 적 이야기다. 이제는 괜히 키우려 욕심부릴 때가 아니다. 잘 살게 하려면 해야 할 일이 많을 텐데 힘에 부치는 욕심을 내려놓는 게 아까운 목숨을 아끼는 일 같아 생각을 접는다.

1004섬이 들썩거릴 정도로 많은 인파로 물결을 이루고 수십만 평 곳곳에 수많은 나무가 식재되었고 분재전시실, 저녁노을미술관, 분재정원 산책길은 자연 속에서 마음을 비우고 잠시 쉬어가는 힐링장이 되었다. 2,000년이 된 두 그루의 주목 분재는 특별 관리 중으로 밖에서만 볼 수 있었다. 멋스럽고 의연한 주목의 모습에서 나도 주목처럼 의연함을 잃지 않고 살아가야겠다는 마음이 일었다.

  다양한 분재 중 소나무 분재는 야외에서 따사로운 햇살을 받으며 푸른 정기를 한껏 내뿜고 있다. 한정된 시간 안에 넓은 공간을 다 볼 수 없는 것이 아쉬웠다. 햇살연못, 암석원, 아기동백길, 소원을 말해봐 등 이름도 예쁜 당신의 하루가 별보다 빛나길 기원하는 분재정원에서 이끼리움 체험도 하고 곳곳의 아름다움에 눈 맞춤하느라 즐거웠다.

  벚꽃 터널의 기억과 사진을 남기게 해준 지인의 고마운 마음을 오래 간직하며, 꽃과 나무 그리고 숲과 함께 영원한 아름다움을 추구하면서 삶의 지혜를 얻고자 하는 최병철분재관의 큰 뜻이 영원히 빛나기를 응원해 본다.

아들이 준 반려 식물

　나의 반려 식물은 커피나무다. 내게 온 지 벌써 6년이 된다. 먼 나라 따뜻한 곳에서만 크는 나무로만 알았는데 호기심이 많은 둘째 아들이 씨앗을 발아시켰으니 키워보라며 가져왔다. 어쩐지 입장이 좀 바뀐 듯하나 이 아들은 바쁜 일상을 쪼개어 무언가를 끊임없이 시도하는 장점이 있다. 작은 포트에서 땅을 뚫고 막 나온 새싹을 보니 귀엽기도 하고 신기했다. 다육이 종류나 철쭉 분재를 주로 키워온 내가 잘 키울 수 있을까. 게다가 열대식물로 알고 있는데, 발아시키는 데 성공한 아들의 열의를 이어받아 자신은 없었지만 반신반의하며 한번 키워보기로 했다.

　베란다에 있는 다육이 식구랑 함께 햇빛이 잘 들고 눈에 잘 띄는 곳에 놓았다. 물을 주고 정성을 다하지만 1년이 다 가도록 조금도 변함이 없다. 잠자는 커피나무처럼 아직도 깨어날 줄 모르고 꿈쩍도 하지 않는다. 왜 그럴까. 햇빛이 부족하나 싶어 햇볕을 직접 받게 밖으로 내놓기도 했다. 이러나, 저러나 처음 가져온 그대로니 내 잘못이 큰 것 같아 마음은 불안하기만 했다. 처음 만난 주인이 미덥지 않은지 조금도 진전이 없는 게 이상하다. 꽃나무나 다육이를 키우면서 제법 붙었던 자신감이 훼손당한 느낌이다. 그러나 맑은 빛을 잃지 않고 있으니 살아있는 건 분명하다. 믿고 가져다주고는 올 때마다 들여다보는 아들에게 미안하기도 하고, 자연의 섭리를 거스를 수 없듯이 그도 기다리는 때가 있는 것 같으니 나도 기다려 볼 수밖에 없었다.

이듬해, 봄에 새 화분에 상토를 넣고 분갈이를 해주었다. 그리고 별 관심 없이 지난 어느 날 나의 눈이 활짝 뜨는 일이 생겼다. '어! 이게 웬일?' 커피나무가 잠에서 깨어난 듯 잎과 줄기 사이에 뾰족이 올라온 눈곱만 한 무엇! 새싹이 분명했다. 그러더니 자신감이 생겼는지 자라는 속도가 가파르게 상승 곡선을 그었다. 나날이 기세가 등등해지며 물만 주어도 커피나무는 무럭무럭 잘 자랐다. 한 해를 넘기니 화분이 작은 느낌이 들어 좀 더 크고 예쁜 화분에 다시 분갈이했다. 커피나무에 비해 헐렁한 화분이지만 잘 커서 꽃도 피워보리라는 내 욕심의 발로였다. 동화 「젊어지는 샘물」에 나오는 아기가 된 욕심쟁이 할아버지 같아 피식 웃음이 나왔다. 화분이 커서 활발하게 착근되었는지 곧 수형도 늠름해지고 튼튼하게 잘 자라 이젠 타원형의 파란 잎들이 반질반질 생기 있게 나풀거렸다.

세월이 지나면서 우리 집 베란다에서 제일 크고 수형이 멋진 나무로 변해 다육이 친구들과는 어울리지 않게 돋보인다. 따뜻한 나라 먼 나라에서만 자라는 줄 알았던 커피나무. 원산지도 모르고, 40종이 넘는다는 종류 중에 어떤 수종인지도 모르지만, 우리 집 베란다에서 이렇게 잘 자라주다니 고맙다. 갈수록 커지는 커피나무를 이제는 나 혼자 옮기기에 감당할 수 없을 정도로 잘 자랐다.

어느 날 보니 녹색 잎 사이사이에서 또 뾰족하게 무언가 고개를 내밀더니 눈송이가 앉은 듯 하얀 꽃을 무더기무더기 제법 풍성하게 피웠다. 이번에는 더 많은 열매가 열릴 것 같아 내심 기대를 하며 지켜보았다. 시간이 지나면서 파란 열매가 루비 보석을 닮은 빨강색으로 변하여 딱히 형용할 수 없는 오묘한 색깔을 머금었다. 드디어 수확하는 날, 주렁주렁 매달린 탐스러운 열매(내 눈에는 탐스럽게 보이나 실은 몇 송이리 안 된다)를 따려니 손이 떨린다. 한주먹감이지만 볶아서 수제 커피를 만들어 아들과 함께 마셔볼까, 다시 심어볼까, 하다가 아무래도 키울 때는 애지중지 키워놓고 요 이쁜 것들을 뜨거운 불에 달달 볶기는 좀 미안한 생각이 들었다. 이참에 나도 다시 발아시켜 아들처럼 여러 사람에게 나눠주고 싶어졌다. 열매의 껍질을 벗겨 심어야 발아가 잘 된다는 아들의 말에 껍질을 조심스럽게 벗기니, 사이좋게 쌍둥이가 나란히 들어앉아 있다. 귀엽다. 그중 큰 열매 속에는 세쌍둥이다. 주로 두 개씩 들어앉은 좁은 틈 속에 오순도순 무슨 얘기를 나눴을까 궁금하다.

우리 집 베란다는 아무리 추운 날에도 온실처럼 따뜻하다. 다행히 남쪽 볕을 많이 차지한 덕분이다.
다음 해 2월이 되어 씨앗을 한 화분에 모두 심었다. 발아는 4개월이라는 시간이 걸렸다. 무언가의 태동은 주어진 환경에 적응하는 준비 기간을 거치고 나름의 대응력을 키운 다음에 비롯된다는 것을 깨우쳐준다. 어쩔 수 없는 자연의 섭리이며 순서다. 6월 초 어느 날 갑자기 깊은 잠에서 깨어난 씨앗은 모자를 쓰고 쑤욱 올라왔다. 고작던 알갱이가 늠름한 나무가 되는 첫걸음을 뗀 것이다. 그 모습은 신비하기도 했다. 커피나무는 자라기도 느렸지만, 발아 시간도 엄청 느렸다. 나의 서투른 방법이 이 아가들에게 상처는 주지 않았는지 생각해 보게 하고, 기다리는 시간은 나에게 무슨 일이든 때가 맞아야 함을 일러주며 아무리 작은 일이라도 시작한 일에 정성이 깃들어야 함을 가르친다.

화분 속에서 생두 껍질 모자를 쓴 채 땅을 뚫고 하나, 둘 쑥쑥 올라오는 모습을 보니 줄탁동시啐啄同時라는 말이 떠올랐다. 어떤 일을 이루기 위해서는 서로 협력해야 함을 이르는 말이다. 병아리가 안에서 깨어 나오기 위해 알 속의 새끼와 밖에 있는 어미가 함께 알껍데기를 쪼아야 하듯이 서로 도와야 함을 의미한다는 말이다. 딱딱한 생두 껍질을 벗겨주기 위해서 줄탁동시를 택했다. 내가 스프레이로 물을 뿌려주면서 상처 나지 않게 껍질을 벗기고 새잎이 부드럽게 돋아나도록 도와주는 일을 하기로 했다. 틈이 날 때마다 스프레이로 물을 뿌려주니 하루가 다르게 껍질이 벗겨지면서 파란 새잎이 나왔다. 껍질이 벗겨진 새싹을 화분에 한 그루씩 옮겨 심었다. 누군가 필요하다면 분양을 해줄 생각이다. 나처럼 사전 지식이 없이도 커피나무를 잘 길러 기쁨을 함께 누릴 수 있는 사람을 찾는 중이다.

올여름 커피나무 묘목을 잘 길러, 식물 기르기 좋아하는 사람들에게 나눠주고 한 그루의 반려 식물을 길러 보라고 권하고 싶다. 커피나무의 꽃말, '너의 아픔까지 사랑해'라는 너그러움과 '정열'도 잃지 말라는 당부와 함께.

붉은 햇살 품은 나이테

오랜만의 나들이다. 무릎 수술 후 회복이 느려 나이 탓으로 돌리고 가까운 거리를 산책하는 정도에서 2년여를 보내고 나니 먼 데 바깥바람을 쐬고도 싶고, 무릎의 건강 상태를 확인해 볼 겸 해서 나온 길이다. 숲과 숲으로 이어지는 오솔길을 걷는다는 것은 내가 나에게 주는 선물이고 길이 주는 선물이다. 그동안 방 안에서 칩거하다시피 하다가, 아파트 주변만 뱅뱅 돌며 보낸 시간 동안 나름 무릎 회복을 위하여 노력한다고 했으나 다리에 힘이 들어가지 않았다. 먼 거리를 걷는 것은 아직 엄두가 나지 않아 망설이고만 있었는데 가을이 되어서인가 부쩍 대자연의 품속이 그리워진다. 때는 마침 덥지도 춥지도 않은 결실의 계절 가을, 우리 부부가 평소 좋아해서 자주 가던 곳, 집에서 그리 멀지 않은 완주군 동상면 대아수목원을 찾았다. 2년이나 건너뛰었어도 산천은 의구하다. 줄지어 선 가을 물을 들인 다양한 나무들이 아름답다. 첩첩 굽이굽이 푸른 소나무 사이에 평화로운 풍경이 정겹다. 맑은 공기를 마시며 제법 익숙했던 수목원 둘레길을 실제로 걸어보니 아직은 역부족이었다. 눈으로 보고 나무 냄새를 한 아름 들이키는 것으로 만족해야 했지만, 기분만큼은 저 숲속을 훨훨 뛰어다닌다.

평평한 전시관이나 둘러보고 내려오기로 했다. 전시관을 향해 가는데 예상치 못한 계단이 나왔다. 다른 길로 갔으면 이 높다란 계단을 피했을 텐데 가까운 길로 가려다 복병을 만난 격이다. '어휴, 저 많은 계단을 어떻게 올라가지?' 요즘 내가 제일 무서워하는 계단이 나타난 것이다. 다시 돌아가기는 먼 거리 같은 생각이 들어 그냥 오르기로 했다. 남편 손을 잡고 오르는 것도 서로가 힘들 것 같고 혼자서는 엄두가 나지 않았다. 어려울 땐 즐기라는 말, '아, 그래 이거야.' 가위바위보를 해서 층계를 오르기로 했다. 가위로 이기면 두 걸음, 바위로 이기면 한 걸음, 보로 이기면 다섯 걸음, 규칙을 정하고 쉬엄쉬엄 오르니 재미도 있고 힘도 덜 들어 일거양득이었다. 지나가는 사람들 보기에도 좋아 보였는지 "참 즐겁게 오르시네요." 힘들게 오르는 내 속마음도 모르고 한 마디씩 하고 지나간다. 겨우 겨우 오르는 내 발걸음이 후들거리는 것도 모르고. 그러나 소중한 한 걸음 한 걸음이 모여 난관을 극복해 냈다는 성취감이 기쁘다. 이 걸음으로부터 시작하면 다시 둘레길도, 산기슭으로 난 오솔길도 걸어볼 수 있으리라 자신감이 생긴다.

전시관의 현관문을 밀고 2층으로 올랐다. 나무 몸통을 가로로 잘라 바닥에 눕혀 놓은 탁자 형식이 아니라 나를 향해 비치는 햇살처럼 위풍당당한 모습으로 맞아준다. 블랙박스에 찍힌 나이테가 꽃처럼 선명하게 피어나 자연이 만든 예술미의 극치를 보여주는 목공예 작품이다. 이 나무는 왜 베어졌을까. 나무의 수명은 영양 상태가 좋으면 무한히 살 수 있다는데, 어디서 살다 이렇게 아름다운 모습으로 환생하였는지 의문이 든다. 그래도 이 나무는 베어져서도 또 다른 삶을 살아내듯 아름다운 붉은 햇살 품은 나이테를 자랑하며 새로운 의미를 품고 있다. 의인을 만나서일까. 죽어서도 나무의 화려한 기량을 보여주고 있으니, 나이테의 무게가 눈부시다. 내 생각엔 100살은 되지 않았을까 싶어 나이테를 세어보니 60살이 조금 넘은 것 같아 아쉬웠다. 일일이 세어보는 나를 보고 짓궂다는 듯 같이 보던 사람들이 웃으면서도 자기들도 궁금한지 끝까지 지켜보다 떠난다. 사람 마음은 다 비슷한 모양이다. 나무의 수령으로 치자면 청소년기도 못 벗어났을 듯싶은데 어쩌다 이곳에 화석처럼 서 있게 되었을까. 한참을 바라본 나이테 속에는 붉은 햇살, 노란 달빛, 반짝이는 별빛이 스며들고 새소리, 바람 소리, 빗소리도 녹아든 숲속 그리움이 가득 일렁인다. 나무나 인간이나 수명은 차이가 있기 마련이니 타고난 수명대로 살지 않았을까. 살아 천년, 죽어 천년을 산다는 나무가 있다고는 하지만, 나무는 웬만하면 600~700년 정도 살 수 있다고 한다. 전주 '은행나무 길'에 서 있는 은행나무도 600살이 훨씬 넘어 살고 있다. 인간보다 훨씬 무구한 세월을 살며 자연을 이끄는 나무. 목재로, 땔감으로, 지구 지킴이로 등등, 어느 한 가지도 소홀하지 않은 희생에 고개가 절로 숙여진다. 이 그루터기 또한 자신이 만든 아름다운 풍경 안에서 주변에 많은 즐거움을 주면서 천년을 버티리라.

아득바득 살아온 내 나이 아흔이 머지않다. 언제 이렇게 나이를 먹었을까. 내가 살아온 힘은 오로지 정신력 하나였다. 헛꿈도 꾼 것 같고 아름답기도 했던 것 같다. 팍팍했던 하루하루를 되도록 희망차게 살려고 노력했다. 찰나 같은 세월 내내 참을 인忍을 읊조리며 아름답게, 잘 견뎌보려고 노력했다. 그루터기에 빗대보니 인생의 덧없음과 아쉬움, 그 속에 덧입혀진 보람도 밀려온다.

내려오는 길에 분재원에 들렀다. 다양하고 아기자기한 나무들. 귀여움을 뽐내며 서 있다. 자연을 축소한 양 작은 분 속에서 자태를 자랑하며 아름답게 서 있는 나무들을 보면서 마음에 위로를 받는다. 이들은 인간의 각별한 돌봄을 받으며 무슨 생각을 하고 있을까. 그들의 성장을 막으며 작게 만들어 품 안에 놓고 가꾸는 사람이나 관상을 즐기는 나의 심사가 사람의 욕심일 뿐 이들은 원치 않을지도 모른다고 중얼거리니 말 없는 남편도 같은 생각인지 빙긋 웃는다. 앞산의 수목들은 이들이 부러울까, 이들은 앞산의 동족이 부러울까.

수목원 끝자락 발 앞에 느티나무 한 그루가 나뭇잎을 팔랑거리며 서 있다. 아직 아름드리는 아니지만 튼튼하게 자라고 있다. 팻말을 읽어보니 용담댐 수몰 지역 학교의 교정을 지켰던 나무인데 수몰 전에 이곳으로 옮겨 심었단다. 다행히 건강하게 잘 자라고 있다. 언젠가는 이 느티나무도 세월의 무상함을 이기며 수목원의 수호신이 되지 않을까. 아이들의 재잘거림이 듬뿍 담긴 추억을 벗 삼아 울창하게 자라기를 마음속으로 기도했다.

아름다운 자연의 선물을 몸과 마음에 가득 채우고 잘 걸을 수 있다는 희망 한 아름 안고 수목원을 나선다. 또 다음 어느 날 만나기를 바라며.

전라도 춤 이야기

　시월 상달 중순. 농가에서는 추수를 서두르는 가을 저녁이다. 국가무형유산 태평무 이수자·이중규 선생과 제자들의 공연이 국립무형유산원 얼쑤마루 대공연장에서 열렸다. 전통예악원누리춤터 단원들의 야심찬 무대, 전라도 춤 한 마당이란다. 겨우 텔레비전에서나 접했던 우리나라, 내 고장 전통춤을 전문가 이병옥 교수의 해박한 해설과 함께 관람할 수 있게 되어 얼떨떨하면서도 기대감으로 가슴이 벅차올랐다.

　공연의 첫 시작은 경기도 도당굿의 무속 장단에 맞춘 태평무였다. 태평무는 나라의 태평성세를 축원하고 염원하는 춤이다. 경쾌하면서도 절도 있고, 가볍게 몰아치는 발 디딤새가 신명이 났다. 우리 춤 중에서 가장 기교적이고 개성이 강한 춤이 아닌가 싶다. 양팔을 펼친 오색의 한삼 또한 화려함이 돋보인다. 치맛자락 아래 발을 들어 올려 보얀 마늘쪽 같은 버선발의 우아한 춤사위, 도도하고 당당한 기량의 한국적인 춤, 선의 멋과 아름다움에 취하게 하였다. 우리 문화의 정체성을 읽을 수 있었고 이수자들의 우리 춤을 지키려는 소명 의식의 견고함을 느낄 수 있었다.

두 번째 무대는 전주 교방 검무로 전라 감영에서 춤판이 이어져 왔다고 한다. 신라의 황창랑이 검무로서 백제왕을 죽였다는 고사에서 유래하였다 하며 지금은 검의 사용법을 접합해서 아름다움을 표현하는 검기무劍技舞로 발전된 것 같다고 하였다. 처음에는 비교적 차분한 장단으로 시작하더니 점점 장단이 빨라지며 찰랑찰랑 칼 소리와 함께 경쾌하면서도 절도 있는 무대였다. 지방에 따라 독특한 검법이 어우러져 자기들만의 특색을 품고 있을 터인데 전주 검무는 경기 검무, 평양 검무와 함께 문화재로 지정되었다 하니 더욱 눈길이 갔다.

다음으로 화양연무, 궁중무용인 춘앵전(봄 꾀꼬리를 흉내 낸 춤)을 재해석한 춤으로 남도민요인 새타령의 경쾌한 장단에 꾀꼬리 한 쌍이 넓은 무대 위로 날아다니듯 삶의 유희를 즉흥적으로 풀어내는 작품이다. 이 춤은 이중규 선생의 스승인 송화영 선생의 창작 작품이기도 하단다. 송화영 선생은 1948년 전북 부안군 줄포면에서 태어나 사회적으로나 개인적으로나 불우한 청소년기를 보냈으나 송화영류 승무나 교방무, 궁중무, 한량춤 등을 개발하여 후진 양성을 했고 입춤(굿거리춤)이 그의 대표작이라 하였다.

이번에는 전주 부채춤 차례, 매창의 애절한 시「이화우 흩날릴 제」가 녹아든 흥타령에 맞춰 추었다. 합죽선의 고장답게 합죽선을 들고, 시인이자 음악가인 매창의 깊은 호흡과 애절한 추억의 편린이 매화우 흩뿌리듯 우아하고 기품 있는 춤이었다.

이어지는 교방 굿거리는 기녀들의 가무와 음곡을 관장하는 교방에서 전승되어 오늘날까지 이어 내려오고 있는 굿거리춤이라고 하였다. 애절하고 섬세한 내용을 그대로 전승하면서 소고를 들고 정·중·동의 매력과 함께 차분하게 추는 전통춤이라는 해설이었다.

다음으로, 송화영류 교방살풀이춤은 액을 풀어내는 무속의식에서 비롯된 춤으로 흰옷 차림에 흰 수건을 들고 살풀이장단에 맞춰 내면의 세계를 자유롭게 표현하는 고도의 기교가 요구되는 춤이라고 했다. 신과 교감하여 인간의 살煞과, 액厄을 풀기 위한 제의적祭儀的인 뜻을 가지고 있다고 하였다. 구슬픈 대금 반주로 혼자서 하얀 옷에 하얀 수건을 들고 몸 전체에서 나오는 표정과 손짓으로, 슬픈 감정을 털어내는 고혹적인 표현이 너무 아름다워 나도 모르게 몰입했다. 춤꾼의 손에 의해 연출되는 하얀 수건은 또 하나의 춤꾼이었다.

이어지는 호남산조춤은 전북특별자치도 무형유산 지정 춤이라 하였다. 우리 지방 고유의 춤이라는 데 자부심을 크게 느꼈다. 호남의 시나위를 바탕으로 산조 가락에 맞춘 독무로 춤꾼의 감정과 의지를 표현하는 춤이다. 장단과 장단 사이를 자유롭게 넘나들며 한을 풀어냄과 동시에 일어나는 흥을 돋우며 섬세한 몸짓으로 호남 지방 기방춤 성향이 깃든 춤이라고 하였다.

산조춤의 여운이 채 가시기도 전에 교방장고춤이 이어졌다. 장고를 어깨에 둘러메고 장단 가락에 맞춰 추는 춤이었다. "나비야 청산

가자 노랑나비야" 낭창거리는 노랫가락에 멋들어진 춤사위, 온갖 꽃들이 흐드러지게 만발한 봄날의 정경이 그려졌다. 현란한 설장고 가락이 흥겹고 다채롭다. 점점 흥에 겨워 모두 어깨가 절로 들썩거려지는 눈치였다.

  끝으로 마무리를 한 송화영류 교방승무는 장삼에 고깔을 쓰고 추는 불교색이 짙은 민속춤이라고 하였다. 느린 염불 장단에 맞추어 긴 한삼 자락을 허공에 흩뿌리며 추다가 마음속 번뇌를 내보이듯 소매 끝에서 북채를 꺼내어 법고를 두드리는 기교와 열정이 일품이었다. 수행을 다 이루지 못한 파계승의 고뇌를 법고에 풀어놓고 긴 장삼 소매를 대신해 수행을 중단할 수밖에 없는 파계승의 한을 그려내는 담담한 소회, 은은하고 아름다우면서 처절하다.
  내 고장 정통 춤의 진수를 보여주는 유일한 남성 춤꾼, '법고창신 法古創新'의 담백한 멋을 이어가는 이중규 선생님의 열정에 감사드린다. 앞으로도 우리의 전통춤을 접할 기회가 많아지기를 기대해 본다.

  나중, 시간 관계상 간단한 해설이 아쉽다 하니 이중규 선생이 따로 들려준 전라북도 전통춤의 역사는 이러했다.

> 전라북도의 전통춤은 일제강점기와 서구 문화 파도를 헤치고 어렵게 재인계 춤을 중심으로 전승의 맥이 이어져 왔고 그 중심에는 전주 재인 출신 정자선이 있다. 정자선은 삼

현육각 대풍류, 가곡, 전통춤에 두루 능통했고, 정읍·이리·전주의 권번에서 예기藝妓와 한량들을 지도하였으며, 수제자는 예기 김소란과 정형인이 있다. 그의 친아들인 정형인을 통하여 입춤 계열의 한량무, 호적구음살풀이춤, 남무와 삼현 승무, 전주 검무를 전수한 금파 김조균과 살풀이만을 전수한 장록운 등이 있다.

그런데 김소란은 많은 정보가 없지만, 송화영에게 승무, 굿거리, 납부, 검무 등을 전수했으며 송화영은 김소란 외의 김천흥, 송범, 이매방, 한영숙 등에게 춤을 전수하고 '법고창신'을 통한 전통문화에 뿌리를 두고 자신만의 춤, 송화영류로 전통춤의 한 축을 만들었다. 송화영류의 전통춤의 특징은 전통춤의 여백의 미와 담백한 멋이 내재되어있고, 전통춤에서 점점 사라져가는 남성 춤을 이중규 선생을 비롯하여 그의 제자들이 이어받아 계승 발전시키고 있다 하며 전북의 남성 전통춤의 한 축을 이루고 있다 하였다.

여기에 다 풀어놓지는 못했지만, 이 공연은 정통 우리 춤의 역사와 그 중요성을 잊지 않고 발전시키기 위해 애쓴 여러 춤꾼의 노력에 감사하는 기회가 되었다. 문화란 대중들의 아낌없는 성원과 함께 이어지고 발전한다. 내가 무심히 넘겼던 춤의 연혁에 대하여 좀 더 알게 된 뜻깊은 관람이었다. 면면히 이어 내려온 우리의 도도하고 당당한 정신문화를 발전시켜 우리나라의 태평성대를 빌어보고 싶게 했다는 뜻에서도 보기 드문 춤판이었다.

풀각시의 꿈

요즘 내 마음속에 있던 많은 것들이 나를 떠나려는 것 같다. 건망증일까. 길을 가다 예쁜 풀꽃을 만나면 몇 번이고 눈 맞춤하며 불러 보던 꽃 이름. 어느 날 갑자기 기억에서 사라져 생각이 나지 않는다. '뭐지? 뭐였지?' 한참 머리를 굴려도 까맣다. 그러다 집에 들어가면 슬그머니 꽃 이름이 떠오른다. '아니 내가 왜 이러지?' 이런 일이 자주 일어나다 보니 기분이 언짢다. 나의 건강을 시험당하는 것 같아 부아가 치밀기도 한다. 심상치 않은 일 같아 한심스러워 주위 사람들에게 말해 보면 나이가 많고 적음을 떠나 모두 한두 번 겪는 일이 아니라면서 이제야 그러느냐고 반문한다. 말을 꺼낸 게 무색하다. 이제 나의 기억이 한계에 당도했는지 똑같은 꽃 이름이 떠올랐다 잊었다 하는 게 예삿일이 아닌 것 같다. '건망증이면 다행이지만 입에 올리기도 싫은 병이라면?' 하는 생각이 들면, 한풀씩 두풀씩 꺾이는 삶의 무기력에 씁쓰름하고 서글픈 생각이 든다.

그러던 어느 날, 어린 시절 기억 하나가 갑자기 튀어나온다. 소환하려 애쓰지도 않았는데, 요즘의 기억력으로는 진즉 사라졌어야 할 먼 옛날의 일이다. 구십을 바라보는 나의 일상에서 폭죽처럼 퍼져

나오는 실타래 같은 이야기가 그림책을 펼쳐놓은 것처럼 내 마음을 흔들어 놓는다.

  학교에 들어가기 전 일이다. 동네 언니들은 학교에 다녀온 오후에는 나를 데리고 놀았다. 언니가 없었던 나는 동네 언니들이 모두 내 언니였다. 나이가 두세 살 더 많은 언니들은 친동생이나 보호자처럼 늘 함께했다. 감꽃이 필 때는 은하수같이 땅에 떨어진 노란 감꽃을 주워 꽃목걸이를 만들어 목에 걸어주었다. 나는 언니들이 좋아서 매일같이 따라다니며 이리 뛰고 저리 뛰고 엄청 철없이 어린 시절을 보냈다. 클로버꽃으론 꽃반지, 꽃시계를 만들어 주기도 했다. 장난감이 귀했던 그 시절엔 누구나 한 번쯤 겪었던 시절 이야기가 선명하게 떠오른다. 사금파리(사기그릇 깨진 조각), 흙, 돌, 모래, 들풀, 들꽃을 장난감으로 생각하고 자연스럽게 빠꿈살이(소꿉놀이)를 했다. 언니들은 엄마가 되고 아빠가 되고 바꿔가며 정하는데 난 항상 아기 아니면 막둥이다. 그러니 언니들에게 귀여움도 많이 받았다. 홍난파 선생의 〈햇볕은 쨍쨍〉이란 동요(1931년 발표)에 나오는 그대로다. "모래알로 떡 해 놓고", "조약돌로 소반 지어", "뻗어가는 메를 캐어" 박주산채薄酒山菜일 망정 "엄마 아빠 모셔다가" "맛있게도 냠냠" 먹었다. 한참 후에 배운 이 동요는 따스한 노래로 여겨졌지만 어쩌면 일제강점기와 6·25전쟁을 겪은 세대의 아픔을 표현한 것일 공산公算이 크다. 들에 속절없이 지천으로 피던 메꽃은 우리 부모님의 민초정신을 나타낸 것이 아니었을까 싶다. 지금은 상전벽해桑田碧海 된 도심 길 가장이에 올망졸망 서 있는, 저보다 몇 배나 큰 나무 아래에서 흔하진 않지만, 메꽃을 볼 수 있다. 눈여겨 보아주는 이에게만 보여 준다는 듯이 살며시 고개 내민 밝고 맑은 분홍 닮은 고유의 색으로 수줍게 앉아 있다.

    그때의 놀이 중에 풀각시 놀이라는 게 있었다. 그때만 해도 일제 하에 서민들에겐 장난감 인형이란 상상도 못 할 때였다. 벌써 80년의 세월을 훌쩍 넘긴 기억이지만 엊그제같이 또렷하다. 왜 이런 추억은 잊히지 않는 건지 알다가도 모를 일이다. 천지가 풀이고 바람이었 으며 이름 모를 들꽃 만발한 파란 들을 헤치며 놀던 그 어린 시절, 여름철 풀각시 놀이는 얼마나 재미있었는지 모른다.

    가늘고 긴 각시 풀을 한 줌 뜯어 싹싹 비비면 은은한 풀 냄새가 배어나 바람과 함께 코끝을 스친다. 숨이 죽어 부드러워진 풀로 수 수깡이나 나무막대에 실을 이용해 풀각시 인형을 만들었다. 솜씨 좋은 언니들은 풀각시도 척척 잘 만들었다. 머리를 땋아 만든 풀처 녀, 머리를 쪽 찐 풀각시를 만들어 새 각시를 만들고 비슷하게 꾸며 새신랑도 만들었다. 전통놀이처럼 우리의 일상생활을 흉내 내며 놀았던 소꿉놀이였다. 여자아이들의 유일한 장난감이었다. 또 한 가지 바랭이풀로 양산을 만들어 풀각시에게 햇빛 가리개로 쓸 수 있게 만들어 주는 아이디어도 지금 생각하면 참 재미있는 놀이였다. 요즘은 인터넷에 자세히 나와 있으니 여기서 설명할 필요도 없을 것 이고 기발한 장난감이 넘쳐나는데 아이들은 관심도 없을 것 같으니, 그때의 정경을 내 마음속에서만 간직할 수밖에 없다.

그래도, 각시풀 민요가 생각나 흥얼거려본다.

각시방에 불을 켜라 신랑 방에 불을 켜라~
각시 코가 이쁘냐 으으음 신랑 코가 이쁘냐 으으으음~
각시방에 불을 켜라 신랑 방에 불을 켜라~

놀이가 끝나면 풀각시는 내 차지였다. 언제든 나가면 흔하던 각시풀이지만 나에게 선물로 주는 언니들이 고마웠다. 그렇게 받아온 풀각시가 풀할머니가 되도록 세워놓고 간직하던 그 기쁨이 풍선처럼 부풀어 폴짝폴짝 어딘가로 뛰어가는 나, 어제 일 같다. 풀각시 인형 하나면 재미있게 하루를 즐겼던 그 옛날의 기억들이 그리움으로 남아 어린 시절 인연을 회상하게 한다. 그 언니들은 모두 다 어디서 무얼 하며 살았을까, 그이들도 나처럼 어린 시절이 아름답게 느껴질까 생각하니 스산해진다. 추억 하나가 삶에 힘을 주고 위안이 되기도 한다. 아롱다롱한 추억들이 마음속에 머물러 그런대로 행복하게 또는 힘겹게 살아온 삶을 되돌아보게 하는 순간들의 기억. 이렇든 저렇든 참 잊히지 않는 추억이다. 언제 또 다른 추억거리가 불쑥 튀어나와 나를 건강하고 아름답게 살아가게 하려는지, 변하지 않을 꿈을 꾸어본다.

맑은 거울 하나

    거울, 그중에서도 손거울은 내게 소중한 물건 중 하나였다. 어느 때인지 정확히 기억이 나지 않지만, 언젠가 어머니가 사주신 것이다. 가방에 넣고 다니라고 꽃무늬가 있고 자그마해서 얼굴만 겨우 볼 수 있는 정도였지만 어머니의 선물이므로 애지중지 가방에 넣어 놓고 틈틈이 들여다보던 손거울. 이제 여성스러움을 빛내야 할 때라고 인정해 주신 묵약 같은 거였지 싶다. 손때 묻어가던 거울은 내가 바라볼 때마다 어머니가 웃어주며 흠이 있는지 정확하게 비춰주곤 했다.

    결혼하고, 아이들이 태어나고, 할 일이 더 많아지면서 거울을 마주 보는 것은 겨우 출근길에 옷이나 삐뚤어지게 입지 않았나 하는 정도의 확인 절차에 불과했다. 얼마나 바쁘게 살았는지 손거울은 가방 정리할 때만 겨우 안녕을 확인할 뿐이었다. 손거울은 가방 속에서 긴긴 겨울잠을 자고 있었다. 어쩜, 거울을 바라볼 생각도 시간도 없었다. 거울은 나와 점점 멀어지고 결국 '거울도 안 보는 여자'가 되었다. 거울을 들여다보면 낯선 얼굴이 웃지도 않고 나를 쳐다보고 있어 서글펐고 흠은 여기저기 눈에 거슬리게 많아서 얼른 눈을 돌리곤 했었다.

  거울을 안 보게 된 이유는 또 하나 있다. 화장을 하면 처음엔 좀 예뻐 보였으나 곧 눈이 따갑고 피부에 뾰루지가 올라와 며칠씩 고생을 했다. 그래서 화장을 피하게 되니 거울을 볼 기회가 줄어들 수밖에. 화장기 없는 얼굴로 어찌 그리 당당하게 살아왔는지, 그때야 '민낯 미인'으로 지내도 젊음이란 무기가 막아주고 있어 볼 만했을지 몰라도 나이가 들어 가며 가꾸지도 않고 가꿀 줄도 모르니 세월 따라 칙칙해지는 피부를 말릴 재간이 없었으므로 그저 안 보는 수밖에 없었다. 출근에, 등교에 바쁜 식구들 밥 먹이고 아이들 도시락도 여덟 개씩 싸 들려주고 나면 내 출근 시간은 항상 쫓긴다. '민낯 미인'의 진가가 발휘되는 시간, 홀로 서 있던 로션을 손에 따라 대충 얼굴을 훑으며 탁탁 두드려주고 나면 화장 끝! 거울은 안 봐도 내 얼굴이니 알 건 다 안다. 머리도 손으로 대강 다듬으면 출근 준비 끝! 내 손이 약손이었던 시절이 바람같이 흘러갔다.

  어느 때 남편은 "사람은 불혹이 넘으면 자기 얼굴 자기가 책임져야 한다"라는 말을 했다. 그럴 때마다 화장 안 해도 책임지고 있으니 걱정하지 말라고 하면서도 안 보는 척 거울을 훔쳐보며 고개를 갸우뚱했던 기억이 거울을 볼 때면 영락없이 떠오른다. 찰나의 시간이 흐르고 흐른 어느 날, 거울 속 여인은 주름진 얼굴과 정수리에 흰머리가 서릿발처럼 뾰족뾰족 선 채 나를 보고 있다. 이제는 시간이 없어 거울을 못 보는 것이 아니라 노년의 여인이 낯설어서 보지 않는다. 공허한 눈빛은 또 어찌 마주하랴. 내 모습을 내가 직접 볼 수 없으니 말 없는 거울이라도 자주 보았으면 좋았을 텐데 하는 아쉬움이 인다. 누군가 거울을 무구지보無口之輔(거울은 보는 이의 허물을 비춰 주지만 말이 없으니 입 없는 보좌관과 같다)라 명명했단다. 일찍부터 말 없는 보좌관과 벗하며 살아볼걸, 쓴웃음과 함께 거울 앞에서 물러난다.

 거울 하면 내 모습을 잘 살펴보고 스스로 고칠 것을 깨닫게 하는 거짓 없이 진실한 친구 같다는 생각이 맨 먼저 떠오른다. 거울을 볼 때마다 나의 허물을 찾아 바른 몸가짐을 할 수 있게 해주는 스승 같은 친구.
 스승 같은 친구는 또 있다. 거울은 내면의 힘까지는 닿지 못하니 새로운 삶을 길러주고 그를 통해 생각하고 마음 닦는 것이 나를 변화시키는 일이 아닐까 해서 거울보다 더 자주 봤던 책이 있다. 또 있다. 내 삶의 희로애락이 가득한 사진들, 거울만큼 솔직하고 밝고 예쁜 웃음이 있고 같이 찍은 사람들과의 교감까지도 느낄 수 있다. 나의 내면의 성정을 알고 나를 뒤돌아보며 바르게 살아가도록 도움을 주는 또 다른 스승이다.

 지금도 거울 보는 습관이 길러지지 않아 아침에 거울 한 번 보면 끝이다. 나이 들어 더 살피고 가꾸어야 하는데 게으름까지 더하니 민망하기 그지없다. 눈은 마음의 거울이라 했던가. 거울을 통해야만 볼 수 있는 나의 눈을 보며 마음을 다잡는다. 세상 인연 따라 살아온 날보다 남은 세월 살아갈 날의 처신이 부끄럽지 않기를 기원하며 성숙한 어른의 태도와 항상 부드럽고 겸손한 마음가짐으로 편안하고 행복한 나날이 기다리고 있기를 꿈꾸며 내 마음속에 절대 깨지지 않을 맑은 거울 하나 간직한다.

추억 한 보따리

우리 집에는 몇 년 전 이사 온 후 아직도 풀지 않는 짐이 몇 가지 있다. 옛날 생활용품이던 나무 함지박과 놋대야, 놋요강이다. 오래 전부터 생활에 쓰이지 않는데 버리기는 아까워서 보자기에 싼 채 창고 선반 위에 올려둔 것이다. 신줏단지 모시듯 올려놓고 거기에 추억 한 보따리 있거니 하면서 1년에 한두 번 정도 슬쩍 쳐다보고 지나친다.

어머니는 큰딸인 내 결혼 혼수품을 미리미리 준비해 놓으셨다. 이제 과년했으니 좋은 짝을 만나 시집갈 때 가져가 주기만을 기다리게 한 물건 중 하나였다. 지금에 비하면 조혼의 경향이 있던 때라 동생을 (여섯 명) 거느린 장녀가 결혼에는 관심 없었으니 어머니를 얼마나 애태우게 했을 것인가. 불효막심이었을 게다.

지금은 골동품상에서나 볼 수 있는 귀물이 되었다. 한동안 사용하던 이 추억들은 잘 닦아 모셔놓고 이사 갈 때마다 터줏대감처럼 앞장세우는 물건이 된 셈이다. 이사 와서도 풀지 않던 보따리를, 가을맞이 대청소를 하면서 풀어보았다. 어머니의 따뜻한 마음이 전달되는 순간이다. 모양이 투박하고 무거워 불편하지만 60년이 넘었어도 녹슬지 않은 대야와 뚜껑까지 있는 큰 요강을 보니 어머니의 정성이 새록새록 묻어 나와 고마움이 일렁인다. "이건 방짜 유기 그릇이니 오래오래 두고 써라" 하시던 말씀이 떠오른다. 방짜 그릇들은 만 번 이상 장인의 손으로 두드려 만들어 모양새가 약간 울퉁불퉁하다. 숱한 매를 맞아 단단하게 단련해선지 누르스름한 그 빛깔은 변하지도 않고 어머니의 마음을 지키고 있는 듯하다. 그때는 방짜 유기가 흔했으므로 당연한 것으로 여겼으나 그저 어머니의 당부와 정성이 깃들어 있으니 소중히 간직하게 되었던 것이 잘 한 일 같다. 그 외에도 몇 가지 남아있는 물건이 있으나 오늘은 그중에서 이 물건들의 이야기를 풀어볼까 한다.

옛날, 놋그릇은 관리하기가 힘들었다. 놋그릇을 쓰다 보면 때깔이 변한다. 그때마다 기와를 구워 곱게 빻은 가루를 짚수세미에 묻혀 닦으면 윤이 번쩍번쩍 났다. 깨진 기와 조각은 거의 보물 수준이었다. 부지런한 어머니는 여느 아낙들과 같이 항상 반질반질하게 놋그릇을 간수하는 게 일상이었을 것이다. 어쩌다 아버지께서 저녁이 늦으시면 아랫목에 놋 밥그릇을 묻어놓았다가 밥상에 올리기도 했다. 전기밥솥이 없던 시절이므로 유기그릇에 담아 따뜻한 아랫목에 묻어놓으면 잘 식지 않아서 아낙의 정성을 품고 있기에 충분했다. 가물거리는 기억 속에 어머니의 따뜻한 정과 그리움이 한꺼번에 밀려 은은하게 내 마음을 적신다.

단독주택에서 생활했으므로 놋요강은 필요불가결의 용품으로 참 고맙게 사용했다. 특히 추운 겨울날 어느 누가 밖에 있는 화장실(그때는 변소라 불렀다)로 달려가고 싶었겠는가. 방이나 마루에 놓고 온 식구가 같이 사용을 하고 아침에 그 집의 주부는 요강 비우기가 맨 처음 할 일이었을 게다. 한밤중 아이가 일어나 요강을 찾으면 반지 낀 손으로 살짝 두드려 알려주던 어머니의 사랑은 각별했다. 요즘 젊은 사람들은 기겁할 일이지만, 얼마나 유용했는지 친정어머니의 고마움을 잊지 않고 새기면서 사용했다.

적절한 온도를 맞춰 담아놓은 놋대야의 물은 빨리 식지 않는다. 아이들 세수며 머리 감기기도 마루에서 할 수 있으니 참 좋았다. 그리고 다 쓴 물은 마당에 휙 뿌려 바람에 일어나는 흙먼지를 잠재우기도 했다.

시대의 변화에 따라 스테인리스가 나오면서 거의 모든 생활용품이 스테인리스 제품으로 바뀌었다. 거의 모든 집마다 밥그릇은 물론이고 냄비나 수저 등도 사용하던 유기를 싼값에 팔아 처음 세상에 나온 값으로 비쌌던 스테인리스 제품을 앞다투어 샀다. 친정어머니는 투박하고 닦기 힘든 유기 물건 사용을 고집하시더니 나이 들면서 어머니도 편리한 세상에 그만 빠지고 말았다.

나도 또한 바쁜 직장 생활에 쫓기다 보니 유기그릇 사용을 점차 줄이다가 언제인지 모르게 스테인리스 제품으로 다 바꾸었다. 그 무렵인가. 더군다나 가볍고 깨지지도 않고 예쁜 색색의 플라스틱 그릇이 나오면서 놋그릇은 더 온데간데없이 사라지고 말았다. 가전

제품이 나오고 주거 환경도 아파트 생활을 하면서 편리함의 편익便益은 말로 할 수 없을 정도다. 옛날 주부들은 참 고생이 많았다는 생각에 미안해진다. 편하면 더 편하고 싶은 인간의 욕구에 따라 환경이 변하는 세상이다. 대야는 세면기에 밀리고 요강은 수세식 변기에 밀려 더 이상 필요가 없는 물건이 되었다. 옛날 없어서는 안 될 필수품이었지만 놋대야와 놋요강은 이제 생활 민속품이 되고 말았다. 이제까지 잘 보관해 온 방짜 놋대야와 놋요강은 시간이 흐를수록 보물이라는 생각이 든다.

제품에 따라 차이가 있지만, 구리 78%에 주석 22% 정도를 합금하여 약 섭씨 650도의 열처리를 하여 놋쇠를 만들고 다시 녹여 거푸집에 부어 모양을 만든 다음 열을 가하며 두드려 만든 그릇을 방짜라고 한단다. 가장 질 좋은 놋쇠를 일컫는 합금 기술 용어란다. 우리 고유의 과학기술이 숨어있다고나 할까? 옛날 우리 조상들은 집에 놋대야와 놋요강을 가지고 있으면 복이 들어온다고 믿었다고 한다. 그래서 더욱 친정어머니는 잘 간직하라 하셨던 거 같다.

요즘은 실내장식 소장품으로도 많이 쓰인단다. 언젠가 외국인들이 한국에서 놋쇠나 사기로 된 요강을 사가지고 가서 꽃꽂이 수반으로 사용한다는 뉴스를 들으며 한바탕 웃은 일이 있다. 큰딸에게 물려주고자 귀띔하니 가져가겠다며 좋아한다. 나의 젊었을 적, 옛날에는 생활에 필수품으로 없어서는 안 되는 물건이었으나 이제 젊은 우리 아이가 그 물건에 얽힌 추억과 민속품의 소중함을 알아주니 고맙다. 이 아이도 나이 들어 가는 건가. 내 생각과 비슷해지는 걸 보니, 뭐 더 물려줄 게 없나 살피게 된다. 나이 든 나만큼이나 뒷전으로 밀려있는, 그 물건들도 젊어 한때는 잘 나가던, 없어서는 안 될 물건이었다. 세상이 가파른 속도로 변하고 사람들의 인식도 편의주의로 바뀌었다. 먹고살기에 바쁜 현대인에게 필요불가결한, 간단하며 실용적이며 견고하며, 예쁘기까지 한, 손이 많이 가지 않아도 오래 쓸 수 있는 물건들이 속속, 넘쳐나게 개발되고 있다. 앞으로도 얼마나 많은 기상천외한 발명품이 쏟아져 나오며 세상을 얼마나 놀라게 하려는지 은근히 기다려진다.

먼 훗날 딸아이도 대물림받은 용구들을 참신하고 기발한 아이디어로 뜻있게 활용하며 발전시키면 좋겠다. 대대손손 대물림하여 언젠가 진품명품에 출연하는 장면을 떠올리며 웃어본다.

4부
우리의 소원은 통일

산과 호수와 구름
– 노르웨이, 〈솔베이지의 노래〉의 고향

　노르웨이는 우리나라보다 40여 년 먼저 독립한 나라다. 세계 8대 국가 중에 속하며 해마다 노벨평화상 수상자를 선출하는 나라다. 국토의 70%가 호소湖沼와 빙하, 암석 산으로 이루어져 있고 지하자원(석유)이 풍부해서 국가 경제가 넉넉하며, 그 덕택인지 사회보장 제도가 잘 발달되어 국민들이 받는 복지 혜택이 우수하단다. 물론 부모와 자식 간에는 끈끈한 정으로 이어져 있겠지만 부모는 자식에게 재산을 물려주지 않아도 되고 자식은 부모에게 의지하지 않아도 살 수 있도록 국가가 책임을 지는 나라란다. 그런데, 우리 부부는 순전히 자식들에 의지해 다녀온 북유럽 여행 중 노르웨이의 이야기다.

　간간이 비치는 햇살이 별처럼 산림 속으로 쏟아진다. 산골짜기 계곡은 파란 이끼가 고풍스럽게 끼어있어, 한결 운치를 더해준다. 고불고불 산길을 미끄러지듯 달리는 차창 밖은 녹색 낙원이다. 그린벨트가 많은 대지는 파란 잔디로 눈이 시리게 평화스럽다. 넓은 초원을 지나는 과수원에 빨갛게 익은 사과가 주렁주렁 달렸다. 금발처럼 노랗게 익은 보리밭. 노란 융단을 깔아놓은 듯하다. 곳곳에 울타리도 없는 집들이 그림처럼 옹기종기 모여 있다. 예쁜 커튼을 모양 지게 열어놓은 창틀 위에 놓인 탐스러운 꽃들이 우리를 사열하듯 환하게 맞아준다.

라드멜로 가는 길은 온통 그린벨트 길이다. 하늘을 떠다니는 구름처럼 여행길은 천상의 꿈길에 들어선 것 같다. 가는 곳마다 산과 호수가 펼쳐진다. 잔잔한 호수에 산그림자가 드리운 모습은, 사진을 찍어 거꾸로 보아도 호수의 위아래를 분간할 수 없을 정도로 맑고 투명하다. 물 많고 산 많은 산수가 빼어난 곳을 아무렇지도 않게 지나간다. 바위산에도 나무들이 잘 자란다. 명경 같은 호수 안에 산과 나무와 집 그리고 하늘의 구름까지 잠겨있으니 한 폭의 잘 그린 그림처럼 아늑하다. 모두 숨죽여 감상하는 여행객들의 편안함 속에 내 가슴만 콩콩거리는 것 같다. 내 고장 전라북도 변산반도를 지나는 기분이다.

해발 1,000~2,000m의, 만년설이 우리를 굽어보고 있다. 구름이 내려앉은 것 같다. 계곡을 흐르는 물길은 하얀 물거품이다. 바위산 꼭대기에서부터 하이얀 실을 처억척 걸쳐놓은 듯 폭포들이 군데군데에서 흘러내린다. 폭포의 전시장이다. 여기를 봐도 저기를 봐도 폭포다. 부글부글 끓어오르는 폭포, 얼음 창고에서 나오는 드라이아이스 같은 폭포, 옥색 옥양목 몇 필을 늘어뜨린 폭포, 그 아래로는 출렁이는 은물결 옥물결. 나무들보다 풀과 바위가 많은 고산지대에서 양들이 평화롭게 풀을 뜯고 있다. 알프스산맥을 넘어가는 기분이 이럴까 싶다. 감탄사를 연발하며 산 위에 얼음이 그대로 쌓여있어 호수 같아 보이는 정경을 내 마음에 각인시키며 십 리 길에 걸쳐 자연 암반을 뚫어 만든 터널을 지나 플롬에 도착했다.

갈매기가 끼룩끼룩 나는 바닷가 아울란드 호텔에 여정을 풀었다. 다음 날, 우리는 실자 라인(Silja Line)*보다 작은 여객선에 올랐다. 갑판 위에 올라서서 바다를 내려다보니 가슴이 탁 트인다. 뱃머리를 돌려 출항하는 순간 양옆에 펼쳐진 빙하 흔적으로 푹푹 파인 돌산은 웅장한 기백이 넘치는 수려함으로 압도해 온다. 인간의 도전이 아무리 끝이 없어도 자연 앞에 무력한 존재임을 새삼 깨닫게 했다. 잔잔한 바다 위로 30분쯤 지나니 멀리 만년 설산이 보인다. 그사이 끼인 듯한 빙하와 아이들이 띄워놓은 솜사탕 같은 구름이 어우러진 경치는 환상적이다. 구름인가. 빙하인가. 솜사탕인가. 잠시 어린아이처럼 나도 모르게 하늘을 날아오른다.

세 시간의 협곡 여행을 마치고 구드방겐에 도착했다. 돌산이 병풍처럼 안고 있는 올망졸망 단정하게 가꿔진 집들, 노르웨이의 전형적인 시골의 한가로운 모습이다. 그 옛날 달력 사진에서 많이 보고 동경해 마지않던 바로 그곳이다. 스탈하임을 향해 가파른 산을 오르는 길은 1차선이었다. 서로 양보하며 지나가는 아름다운 미덕을 여기서도 볼 수 있었다. 고산인데도 보라색 종꽃, 노란 민들레, 하얀색과 분홍색의 꽃들이 어우러져 함박웃음을 짓고 있다. 그 외에도 이름 모를 작은 풀꽃들이 지천으로 피어있다. 구불구불 노르웨이의 아리랑고개라고 불리는 길은 뉴질랜드와 스위스를 겹쳐 볼 수 있는 경치를 품고 있단다.

　노르웨이 베르겐은 우리나라 부산과 같은 항구도시다. 일곱 개의 산으로 둘러싸여 있고 바다와 어우러진 300년 역사의 어시장이 유명하다. 이곳의 제일 높은 건물은 시청으로 14층이다. 이곳은 산의 높이보다 더 높은 건물은 지을 수가 없다. 그래서 시청을 8번째 산이라고 부른단다. 자연을 존중하며 자연과 하나 되려는, 우리가 터 잡고 사는 자연을 경외심으로 바라보는 이 나라 사람들의 여유로움에 경의를 보낸다.

　그리그(〈솔베이지의 노래〉 작곡자) 생가에 들렀다. 여섯 살부터 어머니에게 피아노를 배우고 열두 살 때 작곡을 시도했단다. 음악가가 살았던 집을 원형을 훼손하지 않고 깨끗하게 보존, 예술가에게 존경을 표하고 있었다. 옛 연인들의 슬픈 전설을 통해 관광객에게 특별함을 주는 노르웨이 자랑이다. 우리나라 고전소설 춘향전이 생각난다. 사랑을 위한 아름다운 희생과 일편단심이 우리의 자랑이듯 이곳 먼 나라도 인고의 고통을 감내하는 변함없는 사랑을 그리워하고 있다. 고향에서 연인을 평생 애타게 기다리는 순정의 여인 솔베이지와 죽음을 무릅쓰고 돌아와 꿈에 그리던 연인의 무릎을 베고 숨을 거두는 페르귄트의 전설을 노래한 명곡이다. 고등학교 때부터 익숙한 〈솔베이지의 노래〉를 오늘은 따라 불러보고, 뒤돌아보며 나왔다. 노르웨이의 민속 설화를 바탕으로 한 입센의 희곡 「페르귄트」를 그린 모음곡 중 하나인데 노르웨이 연인들의 순정한 이야기를 예나 지금이나, 사람들은 가슴 뭉클한 감동으로 추억하며 먼 길을 마다하지 않고 모여들어 그런 사랑을 입증하듯 한 작곡가를 그리워한다. 나도 훗날, 이 짧고도 긴 여행을 추억할 땐 이 연인들을 추모하리라.

차멀미가 심한 내가 자동차에 비행기까지 타고 다녀왔으니 가히 출세한 셈이다. 몽환의 뭉크, 지고지순한 페르귄트, 입센의 인형의 집이 있는, 설산과 바다를 잇는 노을이 지천인 이곳에, 다시 올 수 있기를 나 혼자 기약해 본다.

* 실자 라인(Silja Line): 스칸디나비아 지역 국가 간을 운항하는 크루즈 여객선

백야의 도시
– 핀란드 헬싱키

　드디어 백야의 도시 핀란드의 수도 헬싱키에 도착했다. 말로만 듣고 사진에서만 봤던 백야, 해는 밤이 되어도 계속 하늘에 떠 있고 사위는 신비롭다. 사위가 어두워지는 노을만 보다가 더는 어두워지지 않고 박명을 유지한다. 처음 접해 보는 자연현상의 경이로움에 피로가 확 풀리는 듯하다. 이곳은 위도상 북위 64도에 위치해 여름에는 낮이 길고 겨울에는 밤이 긴 곳이다. 낮 같은 밤에 잠을 자려니 두꺼운 커튼이 창마다 드리워져 아름답다. 지역 특성상 실내 생활을 많이 하므로 실내장식 분야가 발달한 곳이며 공원과 호수도 많은 곳이라니 볼거리가 많을 것 같아 내심 기대가 되었다.

　헬싱키 항구와 가까운 거리에 원로원 광장이 있다. 화강암 40만 개로 만들었단다. 대통령 집무실, 시청이 한눈에 보인다. 여성의 파워가 센 곳으로 국회의장, 시장이 모두 여성이란다. 대성당, 국립도서관, 정부청사 등이 있다. 스웨덴과 구 러시아 속국이었던 관계로 왕궁과 성이 없고 러시아 황제 알레산드로 2세의 동상이 있다. 자국의 식민지였으나 핀란드 고유 화폐를 인정해 주었고, 핀란드어를 공인해 준 황제에 대한 고마움의 뜻인 듯했다. 일제강점기의 우리나라 사정과는 사뭇 달라 묵념을 했다. 정치적 군사적 열강의 눈치를 살피느라 힘겹게 살아온 이 국민에게 얼마나 많은 위로가 되었을까. 자세히 알지는 못하나, 아픈 역사지만 고마운 점은 잊지 않겠다는 이 국민의 너그러움과 식민지의 백성을 어느 정도 배려해 준 황제의 통치력에서 배울 점을 찾아본다.

 러시아에 의한 겨울전쟁과 2차대전을 겪으면서 피폐된 나라와 국민의 경제 사정을 감안해 실용주의적으로 암석을 쪼아 만든 루터교회, 마르틴 루터의 종교개혁 영향을 받은 교회다. 암벽을 향한 기도 단과, 흔한 교회식 치장 없이 검소하고 현대적인 감각으로 지어진 본부에 아그리코, 루터, 루터 친구 세 사람의 동상도 있다. 자연 암벽 구조가 자연 음향을 그대로 살려내 지금은 음악 공연도 자주 개최된다고 한다. 오래 지체할 수 없어 그 독특한 음향을 감상할 수 없는 안타까운 마음을 뒤로하고, 한 해 약 50만 명의 관광객이 몰린다는 명소를 경건한 마음으로 조용조용 둘러보았다. 아래 돌계단에 앉아 조용히 기도하며 사색도 하고 연인들끼리 한가한 시간을 보내는 사람들로 붐빈다.

 시청 앞 광장에 벼룩시장이 섰다. 쓰던 물건이 필요 없으면 이곳에서 팔고 또 필요한 물건은 산다. 고물처럼 보이는 물건을 사고파는 물물교환으로 검소한 생활면을 엿볼 수 있다. 손때 묻은 멋진 물건들이 많이 나와 있고 고풍스러운 물건들도 눈에 띄었다.
 이곳은 건축에 대한 자부심도 대단하다. 시내에 있는 건물은 대개

80~100년이 된 건물들이 많다. 자연을 파괴하지 않는 범위에서 가장 높은 건물은 12층이란다. 건물마다 특징적인 조각들이 새겨져 다양한 건축미를 감상할 수 있었다. 거리는 아스팔트 길이 아니고 화강암 보도블록으로 되어있다. 인도 블록은 40년에 한 번씩 갈아 준다니 얼마나 계획적이고 경제적인가. 전차, 버스 등이 어우러져 다니는 거리의 교통수단을 보면서 조용하고 질서 있는 생활 수준을 엿볼 수 있었다.

음악가 시벨리우스의 두상 조각과 파이프오르간 모양의 기념비가 있는 어스트네디 공원은 호수를 낀 조그마한 휴식 공간이다. 대낮에 여기저기 비키니 차림으로 누워있는 여인들. 미처 여행을 떠나지 못한 사람들이 상쾌한 녹색 바람을 맞으며 한가로이 햇볕을 쬐고 있다. 그만큼 공기도 깨끗하고 자외선 지수가 좋다는 증거겠지 싶어 내심 부러웠다.

다음으로 간 곳은 세우라사리 민속촌, 순 통나무집으로 숲과 어우러진 자연 그대로 산림욕을 즐기는 곳이다. 옛날 살던 집 그대로 보존되어 있었다. 어디를 가거나 먹거리를 파는 우리나라와 달리 매점이 없다는 게 특징이다. 청량한 녹색 산소를 품어내는 숲길을 따라 거닐었다. 둥그스름한 바위에 앉아 청정한 바람을 마셔본다. 싱그럽고 산뜻한 맛이 새롭다. 이국의 바람이 외국인인 나도 살포시 안아주는 것 같다.

헬싱키에는 대학이 한 곳뿐이란다. 교육체계는 고등학교까지 의무

교육이고 대학에 입학은 좀 용이해도 졸업하기는 어렵다고 한다. 인재 양성에 심혈을 기울이기 때문이라 생각된다. 미술대학 건물에는 각종 곤충(풍뎅이, 나비, 물방개, 딱정벌레) 등이 조각되어있다. 다양한 손재주가 많은 나라, 국민의 80% 이상이 따르는 루터교회도 십자가 하나로 표시하는 검소한 나라. 그 외에도 본받을 점이 많은 나라다. 여름이면 해가 지는 것을 잊어버린 것같이 계속되는 백야. 아무리 두꺼운 커튼으로 장막을 쳐 놨어도 밤잠을 설치고 다시 낮을 맞이한다. 무려 낮이 19시간이나 되는 대낮 같은 밤, 너무 길다. 나는 이곳 일상에 익숙하지 않아 신체 리듬이 어지러운데 이곳 사람들은 자연의 순리에 순응하며 아름답게, 슬기롭게 살고 있다.

스웨덴 스톡홀름에 가기 위해 초호화 여객선 실자 라인에 승선했다. 길이 203m, 나비 31.5m, 수심 7.1m, 속도 23노트, 엔진 출력 32,000kW, 58,400t 배다. 수용 승객은 2,850명, 선실 985개, 침대 2,980개, 차량은 자동차 400대, 버스 60대를 실을 수 있는 12층 아파트처럼 큰 배다. 초호화라 할 만큼 규모가 어마어마하다.

약간의 움직임으로 발틱해를 향해 출항을 알려준다. 사우나, 영화관, 갖가지 상점이 일제히 문을 열고 도시 한편을 누비듯 많은 사람이 오갔다. 저녁을 먹고 갑판 위에 올라갔다. 버스보다 더 요동이 없는 배 위에서 내려다보이는 올망졸망한 섬들. 무인도 같은데 숲을 이루고 바위섬인 듯 보이는데 파란 나무들이 무성하다. 아름다운 해안 풍광에 넋을 잃을 정도다. 공기가 맛있고 바람도 부드럽다. 자연을 존중하며 사는 나라, 검소하며 오랫동안 다른 나라의 속국이었으나 자기들만의 문화를 발전 계승시키며 오염되지 않고 독특한 풍미를 간직하며 사는 나라, 낯선 곳에서 낭만을 만끽하고 이네들이 간직한 마음의 여유를 배우며 첫 북유럽 여행의 아름다운 추억을 엮어본다. 남실남실 철썩대는 뱃머리에서 말갛게 떠오르는 일출을 바라보고 있노라니, 성큼성큼 밀려드는 햇살이 눈이 부시다. 청량한 바람이 귓전을 스친다. 맑은 눈으로, 신선한 마음으로 청정한 자연 풍광에 더 가까이 다가선다.

스웨덴의 수도 스톡홀름 밴다 항구에 도착했다. 호수처럼 파란 하늘이 인상적이다. 파란 하늘은 바라볼수록 눈이 시리다. 북구의 베니스 같은 발틱해가 만나는 지점으로 물 위를 떠다니는 도시로도 불리며 물과 공기가 맑은 곳이다. 이곳은 또 어떤 경이의 세계로 나를 이끌어 줄까, 가슴이 설렌다.

안데르센의 나라, 덴마크

덴마크 코펜하겐을 향하는 SAS(스칸디나비아 항공) 비행기에서 내려다보니 근해에 떠 있는 배들이 소금쟁이 같다. 발트해 상공에서 내려다본 섬들도 크고 작은 배가 떠 있는 것처럼 보인다. 겨우 요만큼 올라왔는데 무한대의 우주에서 바라본 우리네 삶은 어떨까. 생각하니 아찔하기도 하고 우습기도 하다.

영하 70도의 고도 상공을 날으는 기내의 기온에 담요를 목까지 덮었지만, 여전히 차다. 12시간의 긴 비행으로 지쳐갈 무렵 코펜하겐에 도착했다. 계속되는 백야 현상으로 천지가 대낮처럼 환한데, 낙조 시간이었다. 긴 여정 끝에 맞이한, 어두워지지 않는 일몰의 순간, 붉은 해가 바다와 합일이 되어도 더 이상 어두워지지 않는 자연의 경이로움에 피로가 확 가시며 앞으로의 여정에 대한 기대감으로 마음은 한껏 부풀어 올랐다.

인어공주의 나라 덴마크는 우리나라 남한의 반절 정도란다. 낙농업이 발달하여 우유와 치즈, 분유, 햄, 소시지는 세계적으로 유명하다. 자전거 문화가 발달하여 곳곳에 보관 장소가 있어 빌려서 타고 보관하는 제도가 잘 되어있단다. 상대적으로 자동차가 적을 것이니 공기가 맑을 것 같았다. 또한, 어느 나라 어린이나 어른 할 것 없이 좋아하는 '레고'의 나라이기도 하다. 우리나라도 각 가정마다 어린이가 있는 집이면 레고 장난감을 가지고 같이 즐기는 가족들의 모습을 흔히 볼 수 있다.

교육제도는 탁아소부터 대학까지 무료란다. 8세에 초등학교에 입학한 15명을 한 선생님이 중학교까지 10년 동안 지도한다니 철저한 직업의식과 사명감으로 교육이 이루어짐을 알 수 있다.
지식만을 가르치는 것이 아니라 인생을 살아가는 지혜와 공동체 생활에 필요한 정신(질서, 협동, 준법 등)을 중요시하며 손기술도 터득시키는 등 더불어 사는 사회의 일원으로 교육한다. 늦게 시작해도 끊임없이 연수하는 가운데 하나를 해도 완벽하게 한 명 한 명의 철저한 기술 교육으로 자부심이 대단하다. 아무리 공부를 잘해도 협동정신과 사회성이 부족하면 낙제를 시키고 대학은 학문을 연구하는 사람만 진학하는 철저한 자격증 사회란다.

건물은 코펜하겐 시청을 기준으로 5층이 넘지 않고 조립식 건축기술의 발달로 공해가 없는 나라다. 그러니 바람도 자유자재로 넘나들고 햇빛도 항상 제빛을 잃지 않겠다. 나라 어디서나 맑은 하늘을 우러를 수 있으니 이 나라 국민의 오랜 내공이 부러웠다. 1930년에 소각장 37개를 만들고 연료를 태워 중앙난방을 한다니 얼마나 경제적이며 깨끗할 것인가. 무슨 일에든 일장일단이 있겠지만 그냥 만들어지는 건 없다. 이용하는 사람들의 심성이 곧 깨끗한 나라를 만든 것일 테다. 그래서 이곳에서 나는 우유 제품이 세계적으로 인기가 있고 그들의 자연을 대하는 마음을 믿으며 본받으려고 해야겠다. 공해가 없는 나라가 끝까지 살아남는 나라라며 맑은 공기와 비옥한 토지를 후손에게 물려주는 게 지구를 스쳐 가는 나그네의 의무란다. 나 하나의 마음이 곧 모두의 마음이다.

마침, 길에서 청소하는 청소부 아저씨를 만났다. 아저씨의 자부심은 대단했다. 청소 학교를 나와 청소와 관련된 직업의식이 투철하고 활기차며 의기양양하다. 환경지킴이라는 자기의 직업에 만족하고 사명감으로 부끄러움이 없다. 새로운 직종에 관심은 있지만 각자 임하고 있는 직업에 최선을 다하는 이곳 사람들의 의지와 철저한 직업의식에 감탄이 절로 났다.

로즌버그 장미공원에서 '안데르센 동상'을 만났다. 「벌거숭이 임금님」, 「성냥팔이 소녀」, 「인어공주」 등 전 세계 어린이들에게 꿈을 심어준 아름다운 이야기, 어린이뿐만 아니라 어른들에게도 같이 가슴 아파하고 응원하며 애틋한 꿈을 키워준 동화, '동화의 아버지'가 태어나고 자라며 그토록 아름다운 이야기를 우리에게 남겨준 안데르센의 나라에서 그를 만났다. 각양각색의 장미가 꽃의 여왕답게 안데르센을 호위하고 있는 듯했다. 안데르센을 만나러 온 길에 장미는 덤이다. 공기가 맑으니 색도 맑은 건가, 여행자의 들뜬 마음 때문인가, 더 풍성해 보이고 깨끗해 보이는 것 같았다.

안데르센은 구두수선공의 아들로 태어나 어린 시절에는 연극배우가 꿈이었단다. 그러나 가난에 쪼들린 생활로 부모가 읽어주는 아라비안나이트와 당시의 동화 작품을 들으면서 문학적 재능을 키우고 어린이를 위해 좋은 동화를 많이 썼고 세상에서 제일 많이 판매되었다고 한다. 국왕으로부터 훈장도 받았으며 덴마크 국민뿐만 아니라 세계인을 꿈꾸게 하며 역경을 이겨 내게 했으니 비록 가난한 어린 시절을 보냈으나 그 고난이 오늘날의 안데르센을 있게 하였고 세계의 어린이와 함께 영원히 살고 있으니 더할 수 없이 행복한 사람이다. "인생은 짧고 예술은 길다"라는 철학자의 말이 실감 난다.

다음으로 바닷가에 있는 '인어공주 동상'을 만나러 갔다. 덴마크를 찾는 관광객들에게는 인어공주 동상을 보는 것이 첫 번째 목표가 아닐까. 생각보다 초라했으나 뭐든지 과장하지 않고 소박하게 기념하는 국민성을 나타내는 것 같아 호감이 갔다. 그 책을 읽은 후 물거품 하나도 소홀히 보지 않고 두 손을 모아 떠 보던 수많은 어린이의 가슴에 영원히 살아있는 인어공주. 나한테도 꿈을 심어주며 약간 위협적인 권선징악에 대한 가르침을 안겨준 안데르센의 동화는 슬프게 끝나는 것이 대부분이다. 슬프나 아름답게 그린 그에 대해 전기 작가 재키 울 슐라거는 "안데르센은 성공한 '미운 오리 새끼'이며, 고결한 '인어공주'이다. '꿋꿋한 양철 병정'이자, 왕의 사랑을 받는 '나이팅게일'이며, 악마 같은 '그림자'이다. 우울한 '전나무'이기도 하고, 불쌍한 '성냥팔이 소녀'이기도 하다"라고 하였다. 감히 하나 덧붙인다면 "사랑은 언제나 오래 참고, 자신의 유익을 구하지 아니하며 성내지 않으며 온유하다"라고 말하는 듯하다.

그 많은 관광객이 덴마크를 찾는 이유 중에 안데르센의 작품 전반에 걸친 사상, 아픔이 많은 사람 편에 서서 그들의 슬픔을 대변해 주고 껴안아 준 사랑이 가장 큰 이유 아닐까. 덴마크는 '안데르센의 나라'라는 생각을 하며 잠시 즐거움을 넘어 숙연한 기분이 들었다.

우리의 소원은 통일

오랫동안 기다렸던 유럽 여행 계획이 실현되어 드디어 첫 번째 여행지인 독일에 도착했다. 동베를린 전철역에서 예약해 둔 민박집으로 향했다. 집주인은 10년째 외국 생활을 하면서 독일 여성과 결혼하여 민박집을 운영하는 한국인이다. 광주가 고향이라는 주인을 보니 낯설지 않고 고향 사람을 만난 것 같은 친근감이 들고 마음이 놓였다.

누구나 알겠지만 독일에 대해 간단하게나마 짚고 넘어가기로 한다. 독일의 정식 명칭은 독일연방공화국이며 유럽권에서 러시아, 터키(저자 주: 1921년 이후 '튀르키예'로 국명을 바꿨음)를 이어 다음으로 인구밀도가 높은 나라다. 1918년 이 나라의 항복으로 제1차 세계대전이 끝났고, 1939년 제2차 세계대전을 일으켜 세계 역사상 가장 많은 인명과 재산의 피해를 초래했다. 그 덕분으로 우리나라와 함께 분단국가가 되었으나 부럽게도 1989년 11월 '베를린 장벽'을 허물고 통일을 한 나라다. 1970년 수상이 자국에서 발생한 나치즘이 일으킨 전쟁에 저항하다 전사한 동유럽 용병들의 묘소를 찾아 무릎을 꿇고 사죄한 나라이며, 전쟁의 피해를 복구하기 위해 검소한 생활을 실천한 국민성으로 유명한 나라. 한때 이 나라의 공산품은 타의 추종을 불허할 만큼 실용적이며 내구성이 강하다는 인식을 심어준 나라이며 수학자, 철학자 등도 많이 배출한 나라, 자국민의 잘못을 인정하고 용서를 구할 줄 아는 나라, 이러한 나라를 관광차 들르니 감개무량感慨無量하다.

 베를린 역에서 3분 거리인 숙소는 열차 소리가 들리지 않을 정도로 조용하다. 우리나라 같으면 기적 소리에 번번이 잠을 설쳤을 텐데 밖을 내다보니 열차가 들어오고 나가는데 진동도 없이 조용하게 드나든다. 우리나라도 이제는 그럴까? 생각이 미치자, 지금이 어느 시대인데 기적 소리를 운운하나 싶어 웃음이 나온다. 하얀 김을 뿜으며 칙칙폭폭으로 대변되는 옛이야기 속으로 잠적한 기차 소리를 먼 나라 독일에 와서 상기하다니 불과 몇 시간 전에 떠나온 조국이 멀게 느껴져서인가. 우리나라도 이 나라 못지않은 최첨단 과학이 우리의 어깨를 우쭐하게 만들고 있는데 말이다.
 고요함이 내려앉은 하늘에는 하현달이 떠 있다. 구름에 가렸다 다시 또렷해지는 달이 여행객의 마음을 사로잡는다. 내 고향 하늘에도 저처럼 떠서 지켜보고 있겠지. 밤새 편히 쉬고 다음 여정을 준비하라며 향수에 젖게 하는 달빛이 내 마음을 다잡는 듯하다.

 다음 날 민박집에서 5분 거리에 말로만 들었던 베를린 장벽 일부가 남아있다며 오늘 일정에 넣으라고 귀띔해 주는 주인아저씨의 말에 따라 냉전과 분단의 역사를 느낄 수 있는 곳으로 가기 위해 일찍 집을 나섰다. 베를린 장벽은 오랫동안 동독과 서독의 냉전의 상징물이다.

  1990년 통일이 된 후 세계의 화가들을 초청해 벽화를 그리게 한 상징적인 벽화란다. 장벽 한 칸 한 칸 지나칠 때마다마다 각국의 화가들이 부러웠다. 벽화 중간쯤에 한국 여류 화가 김영란 씨가 그린 벽화가 한눈에 들어왔다. 와! 나도 모르게 탄성을 지르며 반갑고 우쭐한 마음에 뿌듯하고 숨이 멎는 듯했다. 이래서 외국에 나가면 모두 애국자가 된다는 말이 맞는 것 같다. 낙서가 금지되어 있지만, 한국 관광객이 써 놓았음직한 낙서 아닌 통일을 염원하는 글이 눈에 띈다. "우리의 소원은 통일"이라고 누군가 먼저 소원을 빌었다. 남북으로 갈라진 우리의 현실을 생각하면 가슴이 아프다. 세계에서 단 하나 남은 분단국가라는 오명을 언제 벗어버릴 것인지, 같은 아픔을 겪던 이국에서 느끼는 감회가 남다르다. 국경을 탈출하는 이들을 무차별 사살했던 비극의 현장에서 이념의 대립이 가져온 국민의 애환과 고초를 생각하니 가슴이 무겁다. 베를린 장벽은 하루아침에 무너진 것이 아니었을진대 우리도 본받아 꾸준한 노력으로 삼팔선을 허물고 동족끼리의 화합과 상생을 기해야 할 것이라는 각오가 선다. 아직도 우리에겐 관광지라기보다 우리가 처한 분단의 아픔이 느껴져서 숙연한 자세로 둘러보았다.

  다음으로 간 곳은 붉은 시청을 비롯해 루터교회, 성당, 국제시계탑, 송신탑, 박물관 등 역사적인 흔적을 흠뻑 느낄 수 있는 곳이었다. 그중 페르가몬 박물관에는 고대 그리스의 페르가몬(현재 터키의 베르가마)에서 발굴된 제우스의 대제단을 비롯한 선명한 파란색 벽돌을 사용한 바빌론의 이슈타르 문, 행렬의 거리, 아테나 여신, 아시리아 궁전 등 고대 도시에 흩어진 파편들을 모아 뛰어난 기술로 재구성한 모습이 장대하고 웅장하게 우리를 맞아준다. 베를린의 보물이 된 그리스의 유물들. 훼손되지 않도록 세심한 복원과 보관으로 후손에게 물려주는 슬기가 대단하다. 지금은 터키 사람들이 유물을 돌려달라지만 "우리가 가져올 때 너희들은 아무 말도 하지 않았잖느냐"며 돌려주지 않겠단다. 그 속사정까지는 자세히 알 수 없으나 어쩌면 파괴되었을 수도 있었던 유물들을 잘 모아 간직해 주었으니 한편 고맙기도 하다. 그 복원 기술에 놀라고 고이 간직해 보호해 온 이들의 노고 또한 감탄 또 감탄할 수밖에 없다.

여기저기 둘러보는 동안에도 베를린 장벽에 쓰여 있던 "우리의 소원은 통일"이라는 글이 마음에 밟힌다. 반 토막짜리 우리의 조국은 언제 통일의 기쁨을 맛보며 삼팔선을 가로막은 철조망이 관광자원이 되어 외국의 관광객에게도 즐거움을 주고 동족끼리 전쟁의 아픈 역사를 되풀이하지 말아야 한다는 각오를 심어줄 것인가.

〈우리의 소원은 통일〉 노래를 읊조려 본다.

독일, 하이델베르크 성

　독일에서의 첫 나들이다. 우리 내외는 유학 중인 막내딸과 사위의 안내를 받으며 노면전차(경전철)에 올라탔다. 목적지에 도착해 내리고 보니 탈 때나 차 안에서나 내릴 때 차표 검사도 없다. 아무리 생각해도 이해가 되지 않아 고개를 갸웃거리며 의아해하자 딸이 설명해준다. 매번 검사하는 게 아니라 어쩌다 한 번씩 검사를 하는데 그때 무임승차일 경우 차표의 30배를 내야 한단다. 우리나라의 경우 몇 배의 벌금을 내야 하는지는 모르지만, 인건비 절약을 위한 한 방법일 것이고 사람과 사람과의 약속을 중요시하는 서로의 믿음 때문에 가능한 일이다. 모든 열차가 좌석제로 운영되고 있기 때문이기도 할 터이나 서로의 신뢰를 바탕으로 하는 운용의 묘에 박수를 보낸다. 오늘따라 날씨조차 맑아서 여행의 맛 또한 한결 가벼웠다.

　겨울인데도 아랑곳하지 않고 거리의 곳곳에 노란 영춘화 꽃이 피었다. 봄을 맨 먼저 맞이하는 꽃이라는데 이곳은 벌써 봄이 오고 있나 보다. 이국의 거리에서 낯익은 꽃을 만나니 더 정겹다. 거리에는 교육의 도시답게 풋풋하고 생기 넘치는 젊은 학생들이 많이 지나다닌다. 최초의 독일 대학인 하이델베르크 학생들. 노벨상 수상자를 일곱 명이나 낸 명문 대학 학생들을 바라보니 덩달아 내 마음도 젊어지는 것 같고 모두가 영재 같아 보인다.

하이델베르크 성을 향해 가는 길은 가파르다. 한 발 한 발 가쁜 숨을 고르며 다다른 성 입구에서부터 과거의 웅장함과 영광의 흔적이 보인다. 아름답고 고풍스러운 경치를 바라보니 가슴이 설렌다. 영고성쇠榮枯盛衰의 파란만장한 역사를 겪었을 성, 우선 뒤돌아서서 시가지를 보니 유유히 흐르는 네카어 강과 빽빽하게 들어선 집들, 주황색 지붕들과 그 사이사이 자리한 초록의 신록들이 한 폭의 그림이다. 안정되고 따뜻하게 보이는 경관이 한눈에 보여 감탄사가 절로 났다.

하이델베르크 성. 이곳의 성은 우리나라의 성과는 다른 영주의 주거 공간인 궁전이다. 성의 규모는 어마어마하다. 독일에서 가장 아름다운 르네상스 양식 건축물이란다. 30년 전쟁과 프랑스와의 전쟁을 겪으며 파괴된 곳을 보수하고 개조했다지만 지금도 곳곳이 무너진 채로 남아있다. 그러면 그런대로 아름다운 건축미는 돋보인다. 시원하게 트인 전망으로 적들의 침입에 대비하고 평화 시에는 즐기며 아름다운 건축미를 곁들여 견고하게 지은 이 성에서 얼마나 많은 희로애락이 스쳐 지나갔을까, 영화의 장면들이 떠오른다. 지금 이곳에서는 각종 기념행사나 축제 등이 열리며 관광객들의 흥미를 이끄는 유적지가 되었다. 지하에는 세계에서 가장 큰 거대한 술통(와인)이 그대로 보존되어 있었다. 770만 명이 먹을 수 있는 술통이라니 와인을 사랑하는 어느 영주의 발상에 놀라지 않을 수 없었다. 그래선지 거대한 술통 맞은편에 15년 동안 와인을 마셨다는 거대한 애주가 페르게오 목상이 서 있다. 항상 술에 취해 있는 그에게 의사가 건강을 위해 술을 끊어야 한다고 하자 바로 그다음 날 세상을 떠났다는 애주가의 애달픈 삶을 짐작할 수 있었다.

영주는 이 성의 아래에 사는 소시민들에게도 와인을 나누어주었을까.

하이델베르크 시청 광장에도 크리스마스 시장이 열렸다. 독일의 12월은 온통 크리스마스 축제로 인산인해다. 사람들로 북적거리는 거리를 빠져나와 네카어 강을 건너기 위해 테오도르 다리에 왔다. 다리에서 바라본 언덕 위의 고풍스러운 고성이 한눈에 들어왔다. 참 아름답다고밖에 표현을 못 하는 내가 원망스럽다.

독일은 철학의 나라로 불릴 만큼 칸트, 니체, 괴테 등이 탄생한 나라다. 테오도르 다리를 건너 철학자의 산책로를 향해 걸었다. 해발 200m에 달하는 언덕배기를 구불구불 오르는 양옆 돌담에 초목들이 아이비처럼 싱싱하게 늘어져 있다. 습기 찬 돌담 사이사이에도 이끼가 파랗다. 고색창연한 철학자의 길을 시인과 예술가들이 거닐었다는 운치 있는 길이다. 아담한 산책로는 한가롭고 아늑하다. 하이델베르크 대학 교수들과 철학자들이 산책하며 대화를 나누며 걸었던 장소라니 기분이 상기된다. 나도 철학자가 된 기분으로 사색하며 글심을 품고 천천히 철학자의 숨결을 느껴보며 길을 돌아

나왔다.

아름답고 평화스러운 도시. 이래서 마음의 평온함을 찾기 위해 이 도시를 자주 들른다는 말이 맞나 보다. 이곳을 예찬한 대표적 예술가는 독일의 대문호 괴테란다. 여덟 번에 걸쳐 이곳을 방문했다나? 그리고 이곳에서 유부녀인 '마리안네 폰 빌레머'라는 아름다운 여성과 잊지 못할 사랑에 빠졌단다. 그 후 그녀를 연모하는 심정을 고백한 시집 『서동 시집』을 냈고 이를 기념하여 "여기서 사랑을 하고, 사랑을 받으며 행복했노라"라는 내용의 비석을 만들기도 했다니 얼마나 시정詩情이 넘치는 도시인지 짐작할 만하다. 우리나라의 『사랑했으므로 행복하였네』라는 제목의 책을 낸 유치환 시인이 떠올랐다. 젊음을 만끽하고 철학자가 된 기분으로 오늘 하루 많은 생각에 잠겨본다. 독일에 '철학자의 길'이 있다면 내 고향 전라북도 전주에는 '천사의 길'이 있다. 우리에게도 발자취를 크게 남긴 조상들이 적지 않은데 그분들과 연관 있는 의미 있는 길을 잘 가꾸고 다듬어 그 뜻을 기릴 수 있게 하면 좋을 것 같다. 철학자들의 발자취를 더듬어 음미하다 보니 세계적인 석학들을 추모하며 존경하여 자랑스럽게 기념하는 이들이 부러웠다. 노쇠한 발걸음에 힘은 들었지만, 여행의 참맛을 느끼면서 양대 세계대전을 겪고도 경제 면에서나 문화 면에서나 강대국의 면모를 지키며 발전시키고 있는 독일의 이모저모를 주마간산식으로나마 알아가는 것 또한 즐겁다.

아름다운 도시에 갈매기가 난다

오늘은 함부르크. 아침 일찍 서둘러 기차를 탔다. "금강산도 식후경"이라는 말도 있는데 일찍 나오느라 거른 아침을 기차 안에서 먹었다. 오랜만에 빵 대신 볶음밥으로 먹으니 김치가 없어 서운했으나 그래도 입맛이 살아났다. 한국 사람은 역시 밥이 최고라는 걸 다시금 느꼈다.

이곳 사람들은 먹는 데는 체면이 없다. 어디서나 배고프면 손에 들고 먹는다. 먹는 데에도 용감한 사람들이다. 이곳 음식은 손에 들고 먹어도 좋은 간편식이기 때문이리라. 우리 한식은 챙겨야 할 것이 많아 꼭 상이나 식탁에서 먹어야 하니, 문화의 차이가 인식의 차이를 만든다는 말이 맞다. 우리는 길에서 밥 먹는 습관이 없기에 먹는 데에는 체면이 없다는 말이 나오는 거다.

차창 밖의 뾰족뾰족한 집들이 그림으로만 보던 것보다 더 아름다웠다. 백설이 내린 마을과 뒤로 둘러쳐진 설산의 아름다움에 감탄이 절로 났다. 옛날, 아이들 옆에서 마음 졸이며 지켜보던 영화 〈해리 포터〉가 떠올랐다. 빗자루를 타고 어디선가 선한 마녀가 날아오를 것 같은, 정말 동화의 한 장면 같았다.

기차가 가는 길은 약간의 구릉지로 된 산악 지대라더니 터널을 많이 통과했다. 딸 내외는 체스를 두면서 지루함을 달랜다. 참 보기 좋은 외국인 속의 외국인이다. 조용한 기차 안에서 점심도 김밥으로 해결했다. 딸 내외를 앞에 두고 오랜만에 김밥을 먹으니 꼭 한국에 있는 기분이다.

함부르크에 도착했다. 눈 대신 안개비가 약간 내리다 그친다. 안개가 살포시 낀 이국의 풍경은 경이롭기까지 하다. 길거리에 양어깨에 물통을 짊어진 조형물이 함부르크를 상징하는 캐릭터처럼 곳곳에 서 있다. 그 사람들의 지나온 고난의 일면이라기보다 지금은 추억이 된 풍경 중 하나이다. 산악 지대라 물이 부족해 물을 져 날라야 했겠지. 누구는 팔고, 누구는 사고, 우리나라 옛 아낙들의 물동이가 생각났다. 보통 서민 아낙들은 어려서부터 물동이를 이어 나르느라 키가 크지 못했다는 일화가 있었고 지게를 지고 나르는 남정네는 어깨가 휘었다. 어느 나라 문명이 발달되기 전에는 고생스러웠다.

시청 건물은 너무도 매력적이다. 네모반듯한 건물이 아니고 창문과 창문 사이에 석상이 놓여있고 맨 끝 층 창문 옆에도 조각상이 세워져 있어 로마네스크 양식의 화려한 건축 기술이 한층 돋보였다. '함부르크'는 '강의 하구에 있는 도시'라는 뜻처럼 해면과 호수가 잘 어울리며 고대 건축양식의 건물과 현대적인 건축물이 조화를 이루어 호화스럽게 보이는 도시다.

성당과 교회 그리고 턱을 괴고 생각하는 모습을 한 하인리히 하이네의 동상이 있는 광장. 독일이 낳은 세계적인 시인 하이네가 태어난 고향도 아닌데 대시인의 동상을 세워놓다니 독일이 얼마나 하이네를 사랑하며 예술을 애호하는지 알 만했다. 하이네뿐 아니라 니체, 칸트, 괴테, 베토벤, 바그너, 브람스, 바흐 등 우리도 사랑하는 위대한 철학자, 예술가를 많이 배출한 나라 독일은 저력이 있는 나라라는 생각을 하며 엄청 부러웠다.

그의 「눈부시게 아름다운 5월에」라는 시가 떠오른다. 딸이 검색해서 낭송해 준다. 하이네의 동상 앞에서 딸의 목소리로 들으니 감회가 새롭다.

> 눈부시게 아름다운 5월에
> 모든 꽃봉오리 벌어질 때
> 내 마음속에도
> 사랑의 꽃이 피었어라
>
> 눈부시게 아름다운 5월에
> 모든 새들 노래할 때
> 불타는 나의 마음
> 사랑하는 이에게 고백했어라

젊었을 적 5월이 그리 눈부시게 아름다웠을까, 슬쩍 지나쳐온 것 같은데 황혼길의 5월에 서서 돌아보니 이제는 남의 일 같기만 하다.

남편도 먼 데 하늘에 눈길을 주는 걸 보니 아무리 목석 같았어도 지나온 나날의 회한이 없진 않았나 보다.

시청 옆에서 2층 관광버스를 타고 1시간 30분 정도 시내 주요 거리를 구경했다. 구석구석 다양한 건축물이 견고하게 지어졌으며 오밀조밀하고 아기자기한 조각상들이 많고 색상도 다양했다. 특히 최고 부호들이 산다는 거리는 호수를 앞에 두고 그림 같은 2, 3층의 단독주택이 늘어서 있다. 그 위로 하이얀 갈매기가 나른다. 들어가 볼 수 없는 그림보다 더 아름답다. 돈이란 것이 이런 차별을 가져오니 나를 위시해서 모두 돈을 좋아하나 보다.

국제 항구에서 잠시 멈췄다. 관광객들도 많았다. 엄청나게 큰 배들이(깨끗하게 치장된 모양이 내가 보기엔 부자들의 개인 소유 배들 같아 보였다) 정착되어있고 수중 비행기도 있었다. 한쪽에 있는 큰 배 위에 박물관이 지어져 있다. 자세히 살펴보고 싶었으나 시간에 쫓겨 제대로 알아보지 못해서 아쉬웠다.

시내 복판에 북해에서 흘러드는 호수를 따라 갈매기들이 날고 있다. 그들도 이 아름다운 풍경 속에서 행복한가 보다. 유유히 나는 날갯짓이 한가로워 보인다. 집과 집 사이에도 짠 바닷물이 흐른다는데 녹이 슬지 않고 깨끗하다. 대단한 기술력을 가지고 있나 보다. 문은 닫혔지만, 초호화 거리의 쇼윈도 안에 있는 물건들을 바라보니 엄청나게 비싼 가격표가 붙어있다. 옷, 시계, 구두, 핸드백 등 눈요기하기도 거북살스러웠다. 그림의 떡이란 말이 이럴 때의 표현일까.

고향에서도 그랬지만, 떠들썩할 것 같은 이국의 하늘 아래 참 조용한 크리스마스를 한가하게 보냈다.
 하늘에는 하얀 갈매기, 지상에는 하얀 눈, 말 그대로 화이트 크리스마스였다.

독일의 도시를 둘러보다

쾰른
(귀중한 문화유산 쾰른 대성당)

쾰른 중앙역을 나오니 바로 대성당이 보인다. 유네스코에서 지정한 3대 성당 중 하나다. 전쟁으로 인해 파괴된 성당은 지금까지 계속 수리 중이라니 얼마나 정성을 들여 보수하는지 알 수 있다. 뾰족뾰족 섬세하게 장식된 탑과 조각상들이 오밀조밀 새겨져 섬세하고 우람하고 위압적인 그 위용에 입이 벌어진다. 광대하고 웅장한 모습은 인간의 무한한 능력을 과시하는 듯하다. 높이 157m, 건물의 안 길이 144m, 폭 86m의 외관도 훌륭하지만, 내부의 제단 뒤에 그려진 그림, 창문의 모자이크 스테인드글라스가 보여주는 빛의 신비는 어떤 말로도 표현할 수가 없을 정도다.

귀중한 문화유산인 대성당의 전망대로 올라가는 길은 겨우 두 사람 정도 오갈 수 있는 나선형 계단이다. 시멘트 계단이 움푹 팰 정도로 수많은 사람들의 발길이 닿은 곳이다. 509개의 층계를 따라 남쪽 탑의 전망대에 올랐다. 바로 눈앞에 라인강이 흐른다. 독일

부흥의 원동력이 된 라인강을 눈앞에서 볼 수 있다니 꿈만 같았다. 우리도 한강의 기적을 이루어 경제와 문화의 강대국이 되기를 빌어본다. 전망대 벽에는 낙서가 한가득하다. 우리글도 빠지지 않았다. 저마다 염원과 남다른 감회를 써 놓았다. 빙 둘러보니 쾰른 거리의 풍경이 한눈에 들어온다. 독일에서 가장 오래된 도시로 고풍스러운 구시가지와 신시가지가 균형을 이루며 아름다운 풍경을 이루어내고 있었다. 저 풍경 속에 담긴 삶의 애환과 굴곡이 전달되는 듯했다. 다시 좁은 계단을 내려오는데 중학생들로 보이는 학생들이 우르르 몰려왔다. 현장학습을 온 것 같다. 새들처럼 지저귀는 학생들의 소리는 국적이 따로 없다. 고국에 있는 손자들 생각이 났다. 귀엽다.

구시가지의 거리는 우리나라 명동 거리를 연상케 한다. 내국인과 관광객이 섞이어 수많은 사람들이 북적거렸다. 대형 크리스마스트리가 우릴 반긴다.

귄츠부르크
(레고랜드의 블록 조형물)

시가지 구경을 마치고 레고랜드로 향해 한 시간 정도 기차를 타고 귄츠부르크 역에 도착하여 레고랜드 셔틀버스를 타고 갔다.
아이들의 손을 잡고 온 가족들의 나들이로 인파의 물결이 일렁인다. 곳곳을 설명해 주는 어머니들의 정겨운 모습과 아이들의 좋아하는 모습은 어딜 가나 비슷하다.
블록을 쌓아 꾸며 만든 조형물들이 꽉 들어차 있다. 각 도시의 건축물을 축소하여 특징 있게 꾸민 모형 도시의 전경이 착각을 일정도로 섬세하게 꾸며져 그 도시에 와 있는 것 같았다. 참 아름답다.

베를린, 뮌헨 공항, 푸랑크푸르트, 스위스, 네덜란드, 함부르크, 백조의 성 등 몇 번을 둘러봐도 질리지 않는다.

레고랜드를 한 바퀴 도는 기차를 타려고 어른 아이 할 것 없이 줄 서 있다. 산타클로스 할아버지 복장을 한 기관사와 천사 복장을 한 안내원의 안내로 우리 일행도 한 바퀴 돌았다. 마냥 신기해하고 즐거워하는 어린이들의 순진한 모습이 눈에 선하다.

여러 가지 모형 장난감을 만드느라 푹 파묻힌 아이들도 많았다. 손 감각도 기르고 창의력도 기르면서 만든 모형 차를 원격 조정으로 시험하는 아이들도 많았다. 모형을 만드는 완구를 파는 곳도 구경하면서 만만치 않은 가격에 그냥 나왔다. 우리나라도 좋은 제품이 많지 않은가.

아우크스부르크
(추억 속의 독일 원조 인형 극장)

아우크스부르크는 인형극으로 유명한 곳이다. 40~50년 전통의 인형극을 보기 위해 모인 관광객들로 극장 안은 붐볐다. 어른들은 추억을 더듬으며 아이들을 데리고 와서 본단다. 크리스마스를 맞이하여 어느 고아의 쓸쓸한 크리스마스를 어른들의 세심한 배려와 훈훈한 인정으로 보살펴 즐거운 크리스마스를 보내게 하는 인형극은 감동 어린 박수갈채를 끝으로 막을 내린다. 실감 나는 배경, 효과

음향, 인형들의 숨소리가 들릴 것 같은 조용한 관람 매너가 인상적이었다.

시내를 향해 걸어가는데 어느 상가에 붙어있는 포스터가 눈에 띄었다. 분명 한국인이다. 너무 반가워 다가가서 보니 이인학이라는 이름이 눈에 들어온다. 다른 외국인 두 명과 세 사람이 음악회를 하는 포스터 같았다. 단지 사진으로만 보는 한국인이지만 자랑스럽다. 외국에 나가면 모두 애국자가 된다는 말이 이를 두고 하는 것 같다. 일정 때문에 가볼 수는 없지만, 꼭 성공적으로 마치기를 빌었다.

이곳도 시내 한복판에서 크리스마스 장터가 열리고 있었다. 갖가지 물건들이 상점 안에 가득하다. 제일 북적이는 곳은 먹을거리를 파는 곳이다. 뭐니 뭐니 해도 먹는 즐거움이 최고다. 여기저기 구경하면서 필요한 물건을 사는 사람들. 서로 부딪히기도 하지만 조심스레 비껴가며 서로를 배려하는 모습이 아름답다. 한국과 다름없이 아이들을 데리고 나온 이들도 많고 선물 보따리를 환한 표정으로 들고 가는 모습이 즐거움을 더해준다.

해가 지면서 바람이 불고 점점 추위가 엄습한다. 한참을 돌다 보니 사람들이 삼삼오오 짝을 지어 김이 나는 잔을 들고 담소를 즐기고 있다. 알고 보니 와인을 따뜻하게 데워먹는 글루바인이라는 거다. 우리나라 모주와 같은 것이란다. 우리도 한 잔씩 했다. 정말 추위가 싹 가신다. 추위를 이기는 슬기로운 방법이다. 한국에 가도 추위에 떨며 마셨던 이 글루바인이 생각날 것 같다.

뉘른베르크
(12시에 울리는 종소리)

푸라우엔 교회의 파이프오르간 소리는 웅장했다. 삼단의 건반을 온몸으로 연주하는 모습도 특이했다. 손과 발을 동시에 작동하며 발로 긴 가락도 누르고 반음도 누르며 독특한 음색을 들을 수 있어 행복했다. 녹음으로만 듣던 파이프오르간 연주를 실제로 들으며 눈으로도 감상하니 감개무량했다.

밖으로 나오니 12시 종이 울렸다. 바로 시계탑 아래에 있는 조형물들이 종소리에 맞춰 움직이기 시작했다. 나팔 불고, 북 치고, 종 치고. 종소리에 맞춰 돌아가면서 황제에게 경의를 표하는 모습이란다. 칼 4세와 7인의 선제후를 장치한 시계는 하루에 한 번 12시 정각이면 작동한단다. 마침 시간이 맞아서 볼 수 있어 다행이었다. 신기한 광경에 우리도 물론이지만 다른 관광객들도 넋을 놓고 바라보고 있다.

뉘른베르크는 소시지로 유명하다. 점심은 소시지를 맛있게 요리하는 가게로 갔다. 조그만 가게 안에 사람들이 붐볐다. 마침 빈자리가 있어 포개지듯 앉았다. 식탁 위에 촛불을 켜놓고 새끼손가락만한 소시지를 먹었다. 불에 구워 기름이 빠지게 하여 양배추 절인 것(자우어크라우트)과 코가 찡하게 톡 쏘는 겨자와 곁들여 먹는 맛은 일품이었다. 아무리 먹어도 질리지 않았다. 가게 안에 들어온 사람들은 이야기를 주고받으며 음식을 즐기며 먹는다. 하지만 먹고 나서도 이야기하느라 자리에서 일어설 줄 모른다. 늦게 온 손님들은 자리가 없어 되돌아 나가지만 주인은 자리를 비켜 달라고 하지도 않고 비켜주지도 않는다. 고객은 왕이라지만 남을 의식하지 않고 개성이 강한 취향대로 살아가는 이들이다. 수염이 댓 자라도 먹어야 양반이라는 말이 실감 난다. 참 맛있게 먹었다. 언젠가 또 생각날 것 같고 배부르게 먹었다.

드레스덴
(동화 속의 주인공들)

이곳 크리스마스 장터는 좀 특이했다. 어린이들이 좋아하는 실물처럼 큰 인형들이 여기저기 모여 있다. 하나같이 동화 속의 주인공들이다. 피노키오, 인어공주, 백설공주와 난쟁이들, 오리를 안은 한스, 도깨비방망이를 든 괴물 등 여기저기서 이야기가 줄줄 흘러나온다.

또 한편에는 인형들로 가득한 인형 탑이 아주 높게 세워져 빙글빙글 돌아가며 사람들의 마음을 설레게 한다.

드레스덴에서 유명한 건물은 바로크양식의 건축물인 작센 공의 츠빙어 궁전이다. 방대하고 웅장한 궁전의 건축미는 특이하다. 정문은 왕관 모양의 지붕으로 되어있고 왕관 문 주위의 조각들이 인상적이다.

궁전 안으로 들어갔다. 넓은 정원과 광장으로 이루어진 안뜰은 경기 대회, 축제, 불꽃놀이 등의 장소로 이용되었단다. 안뜰을 둘러싼 전시관은 수학·물리학전시장, 도자기전시관, 무기박물관, 고전

회화관, 요정 목욕탕의 분수로 둘러싸여 있다.

왕관 문으로 독일 군인들이 열 지어 들어온다. 예식이 있을 것 같은 예감이다. 임관식을 하는지 모여드는 일반인들도 품위 있는 의상이다. 시간이 없어 의식 구경을 할 수 없어 아쉬웠다. 궁전을 나와 위풍당당한 국립오페라극장 앞의 광장에 작센의 왕 요한 동상, 십자교회, 성당을 거쳐 엘베강을 건너 구시가지를 구경했다.

슈투트가르트
(벤츠의 본고장에서 쉴러를 만나다)

이곳 역에는 벤츠 마크가 멀리서도 보일 정도로 높게 붙어있다. 포르쉐 박물관과 벤츠 박물관이 있었다. 유명 자동차의 본고장답게 외양도 우람하고 멋져서 차에 문외한인 나에게도 감동을 준다. 악기 박물관인 '음악의 집'도 잠시 들렀으나 일정 때문에 자세히 볼 수 없어서 아쉬웠다. 몇백 년이 된 관악기와 현악기를 비롯한 여러 악기의 변천사를 보여준다. 소리 실험실도 있어 아이들의 교육장으로도 활용되는 것 같았다.

독일에서는 크리스마스이브를 가족과 함께 즐기는 명절로 여긴다는데 그래서 그런지 이곳 거리는 한산하다. 오후 1시가 넘으니 상점들도 문을 닫기 시작한다. 역 근처에서 황급히 귀가하는 사람들의 모습을 볼 수 있었다. 오후 7시면 전차도 끊긴다니 가족들과 함께 크리스마스라는 명절을 즐기러 가는가 보다. 우리의 설날이나 추석 같은 명절 풍습이 생각난다. 가족의 소중함이 새삼 가슴을

뭉클하게 했다. 따라서 우리도 호텔로 귀가를 서둘러야 했다.

거리 곳곳에 전통악기를 연주하며 노래 부르는 악사들이 집 떠나온 이방인들을 환영하고 맞아준다. 연주가 끝나면 모였던 사람들이 박수 치고 동전을 던져주기도 하지만 점점 거리는 쓸쓸함이 감돈다. 슐로스 광장을 지나 상가 쇼윈도에 진열된 상품들이 행인의 눈길을 유혹한다. 그러나 바삐 집으로 향하는 이들에게 무슨 소용이람. 시청광장을 한 바퀴 돌아가는데 이국인들이 삼삼오오 짝을 지어 다닌다. 이곳 주민들은 따스한 가족의 품으로 바삐 귀가를 서둘렀을 테니, 우리처럼 관광 온 사람들일 게다.

쉴러 광장에서 쉴러를 만났다. 생각에 잠긴 프리드리히 쉴러의 동상. 오른손에는 펜을 들고 왼손에는 책이 들려있다. 한가해진 광장에서 만난 쉴러는 나에게 특별했다. 수줍고 어리기만 한 내 글솜씨를 좀 더 다듬을 수 있도록 나에게 용기와 예지를 나누어 주십사 기원했다. 그는 괴테의 벗이었으며 고전주의 극작가, 시인, 철학자, 역사가, 문학이론가였다. 칸트 철학의 비판적 계승자였으며 베토벤이 작곡한 〈환희의 송가〉 작사자다. 막연히 이름으로만 알던 그에 대해 좀 더 자세히 알게 되어 나야말로 환희의 송가를 불러야 할 판이었다. 크리스마스 이브날 거리는 쓸쓸하다. 서둘러 우리도 발걸음을 옮긴다.

한국어를 잘하는 경비원

잘츠부르크 여행을 오게 된 것은 완전히 보너스였다. 독일 국경에 근접한 음악의 나라 오스트리아 잘츠부르크까지 독일 철도 패스로 열차를 이용할 수 있었기 때문이다. 얼마나 편리한 교통편인가. '단절된 나라 우리는 아직도 비행기를 타야만 다른 나라로 갈 수 있는데…' 하는 생각에 이들의 자유로움이 부러웠다.

잘츠부르크는 소금으로 유명하고 모차르트가 태어난 곳이며 영화(사운드 오브 뮤직)의 무대가 되기도 했던 곳이다. 멀리 백설로 덮인 알프스 산의 아름다운 풍경만으로도 여행의 맛을 한껏 누릴 수 있었다.

잘차흐 강 다리를 건너 대주교가 다스렸던 성과, 남아있는 대성당과 교회를 돌아보았다. 밀려드는 관광객 사이에 서서 이곳저곳을 살펴보니, 교회는 작지만 오밀조밀하고 섬세했다. 조금 걸어가니 대성당이 보였다. 성당 안으로 들어가는데 출입문에서 경비원 아저씨가 중국어로 인사를 한다. 우리를 중국인으로 착각한 모양이다. 재빨리 우리말로 "안녕하세요" 했더니 앵무새처럼 "안녕하세요. 들어오세요" 한다. 유창한 한국어 발음에 깜짝 놀랐다. 주위 사람들의 우리를 향하는 눈길을 받으며 당당하게 미소를 지어 주었다. 더 당당하게 "감사합니다"라는 화답을 하며 들어갔다.

이곳 대성당은 바로크양식과 로마 시대 건축양식이 혼합된 건축물이다. 다른 성당에 비해 벽화가 특이했다. 천정에는 14폭의 그림이 그려졌고 재판하는 장면, 십자가에 못 박히는 모습, 중앙 교단에는 부활 승천하는 그림, 나머지 좌우는 성서에 관계된 그림이 생생하다. 성당 안은 많은 관광객으로 북적댔다. 인파에 밀려 나오면서 경비원 아저씨 앞에 놓인 그릇에 동전을 넣어주니 우리 일행을 알아보고 "안녕히 가세요"라며 깍듯이 인사를 한다. 한국인을 알아보는 경비원이 참 고마웠다.

잘츠부르크 랜드마크인 호엔잘츠부르크 성을 향해 가는 길에 살아있는 동상을 만났다. 금빛으로 온몸을 치장하고 동상처럼 움직이지도 않았다. 딸애가 동전 한 닢을 나에게 주어 동상 앞에 놓인 그릇에 넣어주니 고맙다고 싱긋 웃으며 악수를 청한다. 동상은 악수와 함께 왼손에 든 꽃을 내 머리에 살짝 얹어서 행운을 뿌려준다. 가파른 길을 가기가 무리여서 케이블카를 타고 호엔잘츠부르크 성 박물관에 올라갔다. 잘츠부르크 시의 상징물인 이 아름다운 성은 중유럽에서 현재까지 파손되지 않고 보존된 성 중에서 가장 큰 성이라는데, 웅장하고 아름답다. 600년이 흐른 후에야 완공된 천혜의 요새란 말이 실감이 난다. 성에 올라 바라보는 시가지와 푸른 하늘 아래 깎아 만든 듯이 만년설로 덮인 알프스의 산의 경관이 아기자기하고 아름다워 내 눈을 사로잡는다.
 다시 시내에 들러 모차르트 생가에 갔다. 길가에 있는 황색 건물로, 박물관이 되었다. 모차르트 초콜릿, 소년 시절에 사용했던 바이올린, 피아노, 부친과 주고받은 편지 등이 전시되어 있다. 들리는 말로는 독일에서 오스트리아인인 히틀러를 가져가고 독일인인 모차르트를 보냈기 때문에 오스트리아 사람들은 모차르트를 무척 좋아한다고 한다. 가는 곳마다 모차르트 초콜릿 포스터가 눈에 띈다. 화려한 상가를 잠시 구경하고 시간에 쫓겨 〈사운드 오브 뮤직〉 도레미 송 촬영 장소인 미라벨 정원에 가지 못한 게 아쉬움으로 남았다.

 몸은 지쳤지만, 마음은 상큼한 추억을 엮느라 즐거웠다. 마지막 여행지 잘츠부르크에서 점심으로 생선, 소, 돼지 등 온갖 육류로 만든 성찬을 먹으니 세상 부러울 것이 없는 것 같았다. 노곤한 몸을 이끌고 숙소에 가는 길에 딸애가 다니는 대학교 연구실에 들렀다. 전임강사와 같이 쓰는 방으로 불편함이 없게 꾸며졌다. 컴퓨터는 한글 자판이 아니고 순 독일 자판으로 되었다. 그동안 영어도 아닌 독일어가 한가득이라 눈에, 귀에 낯설었는데 컴퓨터를 켜니까 딸애의 결혼사진이 뜬다. 후배 은아가 띄워준 것이란다. 눈이 번쩍 뜨이게 반갑다. 이래서 젊음이 좋고, 배워야 하고, 아는 것은 실행해야 한다는 것을 일깨워 준다. 컴퓨터를 보니까 한국 소식이 궁금해진다. 인터넷으로 한국의 주요 뉴스를 훑어보았다. 우리 부부가 딱 버티고 지키지 않아도 별다른 사건이 없이 조국은 안녕했다. 안심하는 마음이 들었지만 아무리 여행이 좋아도 슬슬 집이 그리워지나 보다.

딸의 안내로 독일 곳곳을 둘러보면서 제일 먼저 독일의 교통 체계를 그대로 가져오고 싶었다. 그리고 독일인의 준법정신과 생활철학을 본받아 하루빨리 통일되어 우리도 선진국으로서 면모를 심도 있게 갖추어가기를 빌어본다. 이번에는 긴 여정을 마무리하는 뮌헨으로 간다. 여행에서 얻은 새로운 삶의 방식을 토대로 나를 알고 이웃을 바르게 볼 줄 아는 혜안이 덧붙여졌기를 바라며 그를 토대로 더 아름답고 당당하게 살아가고 싶다.

뮌헨
― 시간이 느리게 여행하는 곳

 마지막으로 들른 곳은 뮌헨. 오래된 시간과 새로운 흐름이 교차하는 도시였다. 이곳에서는 박물관이나 미술관을 주로 둘러보기로 했다. 그들이 살았던 시간으로 들어가 거장들과 옛사람들의 정취를 맛보며 삶의 애환을 느껴보고 싶었다. 책에서 흔히 보는 유명한 작품들이나 유물들 아니고도 얼마나 많은 아름답고 신비한 문화가 숨 쉬고 있을까, 우리네 동양의 문화와 어떠한 차이가 있으며 거기에 담긴 철학적·예술적 요소는 또 얼마나 그 빛깔이 다를까, 자세히 알아보며 지난 시간을 압축해 보려 했다.

 첫 번째로 19세기 회화를 모아둔, 1836년에 지어져 독일뿐 아니라 유럽에서도 가장 오래된 미술관 중 하나라는 알테(alte, 옛것) 피나코테크와 르네상스 시대를 대변하는 회화 작품을 소장한 곳이라 하는 노이에(neue, 새것) 피나코테크를 순서대로 관람하였다. 이곳에는 태양을 사랑한 고흐, 황금으로 그림을 그린 크림트, 추상미술의 선구자 세잔, 인상주의 화가 모네 등 내가 알기도 모르기도 한 화가들의 작품이 모두 다 있는 듯했다. 루벤스, 렘브란트, 뒤러 등 작품들이 가득가득했다. 모두 내 눈과 마음속에 담아두고 가끔 꺼내 보리라

하는 마음으로 열심히, 자세히 감상했다. 트로이전쟁의 원인이 되는 세 여신의 미모에 대한 경쟁심을 나타낸 루벤스의 〈파리스의 심판〉을 마주한 순간, 나는 그림 속 인물들의 옆으로 빨려 들어가는 듯했다. 다른 화가들의 작품들도 그렇지만 같은 듯 다른 인물 표현이 너무 생생해서 시간이 정지되며 금방이라도 걸어 나올 것 같았다. 이 도시에서는, 겹겹이 쌓인 시간이 현재와 묘하게 어울려 공존하는 듯했다. 수많은 작품에서 그들이 품고 있는 예술성에, 회화 기법에, 색감에 놀라고 감탄했던 시간이었다.

다음은 '피나코텍 데어 모데르네(moderne)', 현대 작가의 작품을 위주로 전시된 곳이었다. UFO 모양의 미래 하우스라는 건축물 등 눈이 휘둥그레지는 기발하고 창의적인 작품을 이해하기 위해서는 나로서는 설명을 들어야 했지만, 딸 부부는 눈을 반짝이며 더 좋아하는 것 같았다. 이런 것에서도 세대 차이가 느껴져 나도 폭넓은 안목을 기르도록 해야겠다고 생각했다. 한 점 한 점을 따라가다 보니, 뮌헨의 햇빛도 공기도 다르게 느껴졌다. 이 도시는 회색빛 석조로 된 중세 건물과 현대적인 구조물이 공존하는 곳이었지만, 그 속에는 이토록 다채로운 예술 감각이 숨어있었다. 겹겹이 쌓인 시간이 나를 불러들이며 또 다른 여행을 시켜주는 듯했다. 이런 거장들의 명작을 접할 수 있는 이 나라 사람들이 부러웠다.

다음 날 우리는, 아침 일찍부터 '뮌헨 레지 덴츠'로 향했다. 바이에른 왕국의 흔적이 남아있는 이곳은 단순한 궁전이 아니라, 역사가 축적된 공간이었다. 여러 세기를 거치면서 건축되었기 때문에 다양한 건축양식이 혼합되어 있다고 했다. 역대 왕들이 수집해 놓은 미술품과 중국 도자기들을 감상할 수 있었다. 100여 개가 넘는 방들을 다 구경할 수는 없었으나 이 박물관에 하루를 투자한 것은 잘 한 일 같았다. 과거 왕들이 걸었던 복도와 계단을 오르내리며 그들의 간직하고 싶었던 영원한 왕국이 지금 세인의 주목을 받으며 관광지로 거듭난 모습을 보며 지하에서 무슨 생각에 젖을까, 문득 감회에 젖어보았다. 나는 그들과 연결된 시간의 틈 사이를 거니는 기분이 들었다. 빠듯한 일정으로 많이 피곤했으나 마음은 보람으로 가득 차올랐다.

다음으로, 국립독일박물관을 찾았다. 과학과 기술의 발전을 담아놓은 이 공간은 단순한 전시관이 아니었다. 비행기, 천문학 기구, 산업혁명 시대의 기계들이 즐비한 이곳을 거닐다 보니, 인간이 만든 것들이 맞나 하는 경외심이 들며 과학의 힘에 압도당하는 느낌이었다. 모두 사람의 창의적인 생각에서부터 출발한 작품일 게 분명한데 문명의 이기利器가 되어 생활을 편리하게 하기도 하고 무기가 되어 생명을 해치기도 하는 과학의 힘이 사람에게서 나왔다는 것, 아이러니다.

카페에서 딸이 〈파리스의 심판〉 이름을 딴 와인을 시켜준다. 다른 술도 마찬가지지만 와인에 문외한인 내가 맛을 봐도 맛있다. 뭐라 적절한 표현이 생각나지 않는데 사위가 한마디 거든다. "그냥 마음으로 느껴보세요" 한다. 맞다. 분위기에 취한다더니 도시의 밤거리는 조용하고 차분해서 고즈넉한 분위기를 자아냈고, 건물들의 불빛이 은은하게 빛나며 고풍스러운 정취를 더했다. 길을 걷는 사람들도 마치 뮌헨의 공기와 융화된 것처럼 한결 느린 걸음으로 분위기를 음미하는 것 같았다. 밤은 조금씩 깊어지고 중세 분위기를 느끼며 거의 막바지에 다다른 호사를 누리며, 피곤하다고 다음 일정을 위해서 일찍 잠자리에 들었었는데 그날만은 좀 만용을 부려보고 싶었다.

　독일은 고대·중세·현대가 조화를 이루며, 서로를 보완하며, 또 다른 미래를 창조하는 나라라는 느낌이 들었다. 자식들의 도움과 배려로 독일의 유명한 곳을 비교적 찬찬히 둘러보니 감회가 남달랐다. 이번 여행은 나에게 단순하지 않다. 미술과 문학, 과학이 차곡차곡 쌓여있는 도시, 그리고 그 속에서 나는 한 겹 더 깊어진 감각으로 이곳을 기억하게 될 것이다.
　여행의 백미, 나는 이 도시가 하나의 거대한 서재 같다는 생각이 들었다. 박물관과 미술관, 기념관들은 모두 한 페이지 한 페이지가 되어, 과거와 현재를 이어주는 책장을 이루고 있었다. 그리고 그 책 속에서 길을 잃고 헤매면서도, 잃어버린 것이 아니라 새로운 의미를 발견하고 있었다. 독일에서의 시간은 단순한 머무름이 아니라, 또 다른 시간을 읽어내는 과정이었다. 어쩌면 여행이란 새로운 공간을 걷는 것이 아니라, 그 공간 속에서 나 자신을 다시 읽어내는 일인지도 모른다. 뮌헨의 거리를 마지막으로 돌아보며, 나는 이곳이 언젠가 다시 찾아야 할 한 권의 책처럼 남을 것임을 깨달았다. 단순한 여행지가 아니라 시간을 느리게 살아가는 법을 가르쳐주는 곳이었고 예술은 영원하다는 말을 실감 나게 하는 도시였다. 빠르게 흘러가는 일상 속에서 잠시 멈춰 자신을 돌보는 시간이 필요하다면, 중세 유럽의 풍광이 멈춰있는 듯한 독일의 자연 속에서 하나가 되어 사색을 즐겨보라 권하고 싶었다. 따뜻한 온천에 몸을 맡기기도 하고, 문화와 역사가 살아 숨 쉬는 공간에서 다양한 영감을 얻는 경험. 독일 여행은 단순한 관광이 아니라 삶의 쉼표를 찍을 수 있는 곳이었다. 그리고 나는, 그 쉼표 속에서 잠시지만 '나'라는 존재가 해체되었다가 다시 조용히 응고되는 느낌을 받았다.

뮌헨에서의 일정을 끝으로 20여 일간의 독일 관광에 마침표를 찍었다. 새삼스레 한국에서 우리를 기다리고 있을 식구들이 보고 싶어진다. 작은 선물 꾸러미를 들고, 손주들에게 들려줄 이야기보따리를 가슴에 품고 오는 귀국길이 처음인 양 설레었다. 독일에 갈 때는 갈 때대로 기대감에 부풀었고, 비행기 창밖으로 내 나라 땅이 보이니 마음이 안정되고 다정함이 되살아나며 또 설렌다. 옛말에 오두막이라도 내 집이 좋다고 하였던가. 독일 못지않게 일제강점기를 거치고 6·25전쟁을 겪으며 피폐해진 나라를 우리 국민의 천성인 부지런함과 영특한 머리로 재건하고 발전시켰다. 어느 나라와 비교해도 손색이 없다는 자부심에 가슴이 뿌듯했다.

5부

꿈을 좇는 어른 아이

거울 속에 핀 엄마 꽃

몇 년 전 순간의 부주의로 몸이 상했었다. 회전근개 파열이라는 진단을 받고 조심해야 한다는 충고를 들었음에도 이 정도는 괜찮겠지 하는 생각에 운동기구를 이용한 운동을 하다가 왼쪽 가슴 갈비뼈에 금이 갔었다. 곧바로 병원에 가서 치료를 받았지만 별스러운 약이 없고 시간이 지나면서 뼈가 붙어야 하는 거라서 마음을 편하게 먹고 몸도 편하게 지내는 것 외에 별 상책이 없다고 했다.

두어 달간의 요양은 말로 표현할 수 없는 고통이었다. 처방전은 약 한 알씩에 움직이지 않고 몸조심하는 것뿐이었다. 꼼짝 않고 집에만 있으려니 답답했고 팔을 마음대로 쓰지 못하니 행여 넘어질까, 밖에 나가기 두렵고 집안 잔일도 남의 손을 빌어야 했다. 딸들이 돌봐준다고는 하나 부스스한 몸 상태는 가관이었다. 머리카락은 희어지고 온몸은 경직되어 손이 등 뒤로 넘겨지지도 않았다. 이게 웬일이야? 몸과 마음이 따로 놀았다. 웃는 것도 힘들고 큰 소리도 낼 수 없으니 한심하게 세월을 보내야 했다. 시간이 지나야 낫는다니 세월이 약이라는 말이 딱 맞는 말이었다.

어찌어찌 석 달을 지내기 바쁘게 염색도 하고 머리도 자르려고 미장원에 갔다. 하얗게 세고 길어진 머리를 본 미용사도 깜짝 놀란다. 자초지종 대충 이야기를 마치고 의자에 앉자마자 거울 속에 어머니가 마주 보고 앉아계셨다. 나는 어디 가고 어머니가? 소스라치게 놀라 다시 확인하였지만, 여전히 어머니다. 그저 망연히 쳐다보다 미용사의 "어떻게 자를까요" 하는 소리에 다시 보니 엄마를 닮은 내가 초췌하게 앉아 있었다. 유전인자는 속일 수 없음을 확인한 순간이다. 내가 벌써 어머니를 닮아가고 있음을 받아들일 수밖에 없다. 꿈에도 한 번 나타나지 않은 어머니를 거울 속에서 보다니 늙어가는 내 마음이 어머니를 불러 앉혔나 보다.

어머니도 나처럼 소소하고 원만한 행복 짓기에 만족하며 혹시 잘 하면 자식들이 주는 인생의 훈장 하나쯤 달고 싶은 게 꿈이었을까. 내 모습에 어머니 모습을 오버랩해 보며 어려운 시절 고단했던 어머니의 삶도 불러내 보았다. 나를 보는 사람들이 아버지 얼굴을 더 많이 닮았다고 하기에 그런가 보다 하면서 살았는데 3개월 동안 자유롭지 못한 생활 후의 내 모습은 누가 봐도 젊어 고우셨던 엄마가 아니라 늙으신 어머니의 모습이다.

바깥 일에 바쁜 아버지를 보필하며 7남매 건사하느라 바쁘셨을 어머니. 식사는 제때에 하셨을까? 대충 때우고 머리도 대충 빗고 옷도 대충 깨끗하게만 입으셨을 어머니, 남에게 싫은 소리 한 번도 못 하셨을 어머니, 우리에겐 엄격하여 남매들 모두 고등교육을 시켰고, 무엇보다 소중한 일, 모두 우애하며 건강하게 살고 있다. 이 모든 것이 화목하게 지내신 부모님, 특히 아내로서 본분을 지키며 솔선수범하여 모범을 보이신 어머니의 가정교육 때문이라고 생각한다.

 그 시대의 가장들은 대부분 집안일을 부인에게 맡겼다. 자녀의 가정교육도 학교교육도 일가친척들의 대소사 챙기는 것도 아내의 몫이었다. 혹시 좀 삐걱거리거나 실수가 있거나 하면 아내에게 질책이 돌아갔고 일터에서 돌아온 가장은 손님 같았다. 지금 시대는 부엌일이니 자녀 기르는 것 등 부부가 같이 손 맞잡고 해내지만, 그 시대에는 바깥일, 집안일의 구분이 철저해서 서로의 역할 분담에 충실했던 것 같다. 우리 어머니도 예외는 아니었을 터. 첫째인 내가 직장 생활로, 결혼으로 이어지며 집을 떠나기 전까지 어머니는 늘 바쁘셨다. 늘 손이 젖어있었고, 가장 늦게 주무셨다. 그게 당연한 듯 여겼고 나도 결혼으로 가정을 이루면서 어머니처럼 집안일들은 당연히 모두 내가 책임져야 할 일로 알고 빈틈을 남에게 특히 남편에게 보이지 않으려 애썼다. 어머니와 다른 점은 직장 생활까지 해야 한다는 것이다. 그러니 우스갯소리지만 어머니의 딸이 좀 더 애썼다고 해야 맞을지도 모르겠다. 나도 나름 바쁘고 힘들었어도 어머니는 시대에 맞게 직장 생활 하는 큰딸이 첫 단추를 잘 끼워줬다고 대견해하셨으니 그 면에서는 효도가 되지 않았을까.

 초로의 큰딸에게 미장원에서 느꼈던 일을 이야기하니 웃으며 "맞아요. 엄마도 지금은 할머니 많이 닮았어요. 그런데, 저도 가끔 거울 속에서 엄마를 발견하곤 깜짝 놀랄 때가 있어요" 한다. '아니 얘도 벌써?' 하는 안타까움과 함께 나의 좋은 모습만 닮기를, 그래서 나보다 훨씬 행복한 삶을 살기를 기원했었다. 우리 어머니도 그리하셨을 것이며 나도 우리 어머니의 나보다 더 깊은 기원 덕택으로 이제껏 버티고 살아왔는지 모른다.

그래, 딸이 어머니를 닮아가는 건 당연지사지. 그런데 거울 속에 핀 엄마 꽃을 보면서 왜 눈시울이 붉어지며 마음이 아플까. 거울 속 엄마 꽃은 영원히 지지 않는 가장 아름다운 꽃이었음에도 왜 가슴이 먹먹할까. 세상 모든 어머니가 숱한 세월을 오직 자식 하나만 잘되기를 기원하면서 험한 세상을 견뎌내는 어머니의 지고지순함을 알아서인가.

시간이 지날수록 말투도 엄마를 닮아간다. 어머니가 쓰던 단어들이 불쑥불쑥 튀어나온다. 나의 어머니가 많이 쓰던 단어는 "몰라!"였다. 일단 "몰라"를 앞에 쓰고 말을 이어갔다. 겸손의 발로였을까. 별스러운 뜻 없이 혼잣말처럼 쓰던 그 말을 나도 이어 쓰고 있다. 나도 늙어가며 더 겸손해지려는 건가.

말투도 모습도 어머니를 닮아가고 있는 나를 발견하니 새삼 엄마가 그리워져 나도 모르게 어머니 사진을 꺼내 보곤 한다. 100세를 거든히 넘기면서도 많이 무너지는 기색 없이 생활을 비교적 순탄하게 이어가던 어머니를 생각하면 긍정적인 에너지가 절로 솟는다. 여자는 약하나 어머니는 강하다는 말처럼 나의 어머니도 100여 년 세월에 맺힌 매듭이 없었다고 말하긴 어려웠을 터인데 별 내색이 없으셨으니, 7남매의 어머니로서 살아오면서 알게 모르게 몸에, 마음에 배인 인내심과 강인함이 그분을 그리 만드셨을 것이다.

내가 살아있는 한 어머니를 닮아가는 게 자랑스럽다. 한시도 몸을 가만히 쉬게 하지 않던 어머니의 부지런한 생활 습관이 오늘의 나를 있게 했고, 제법 이것저것 시도해 보며 사는 나에게 바지런하다는 칭찬을 하신 건 어머니가 물려준 그대로이니 무한 감사할 따름이다. 나의 딸들도 엄마를 닮아가며 행복하다고 말할 날이 오기를 바라 본다.

살맛 나는 아파트

그해, 12월은 중순이 되어도 날씨는 여전히 포근했다. 추위에 민감한 나로서는 마음속으로는 겨울은 겨울다워야지 하면서도 내심 따스한 겨울이 고마운 듯 산책을 즐겼다. 그런데 일기예보가 심상치 않더니 날씨가 갑자기 급변했다. 올해 들어 처음으로 눈이 내리고 추워진다니 걱정이 앞섰다. 요즘은 일기예보도 정확하다. 아니나 다를까 밤사이 하얀 눈이 내렸다. 제법 내린 눈과 함께 길이 꽁꽁 얼었다. 동장군이 지나간 응달은 미끄러워 보인다. 눈이 오는 날은 포근하다 하였는데 추웠다. 밖에 나갈 엄두가 나지 않았다.

점심 후 내다보니 언제 눈이 왔냐는 듯, 해가 방긋거리며 마음을 흔들어댔다. 요까짓 눈 정도로야 운동을 빠뜨릴 수 없지, 하는 생각으로 바깥 현관을 막 나서려는데 안면도 없는 어르신께서 들어오며 "길이 미끄럽습니다. 조심하세요"라며 배려 어린 말씀을 하셨다.

나는 목례를 하며 "고맙습니다"라고 조심스레 답은 했으나 어르신의 말을 듣고 나니 좀 망설여졌다. 그새 쨍쨍한 햇빛에 녹은 곳이 있어 골라 종종걸음을 치다가도 조심이라는 단어가 아른거리며 괜히 나왔다 싶었다. 이 나이에 엉덩방아를 찧으면 큰일인데 후회막급이다. 그러나 이미 예정했던 산책길의 반쯤이나 지나왔으니 되돌아 가거나 그냥 남은 길을 가거나 비슷해졌다. 그냥 내쳐 가는 게 나았다. 어찌어찌 다녀오니 다리가 후들거렸다. 다리에 힘이 들어갔었나 보다. 나이 먹은 사람이 나이 먹은 사람을 알아본다더니 걱정해 주는 마음 덕분에 무사히 다녀왔다. 나도 추운 날, 더운 날 가려 덕담을 건네고 싶어졌다. "오늘은 장미꽃이 더 아름답습니다" 또는 "하늘 한 번 쳐다보고 가세요. 하늘빛이 곱습니다"라거나, "오늘은 소슬바람이 참 맛있습니다"라는 등, 글쎄 소싯적 어머니께서 이름 지어놓은 꾸어다 놓은 보릿자루 같다는 내가 과연 그럴 수 있을까, 한 번 웃고 말았다. 지금까지 한 번도 못 해 봤으니 그 말씀이 딱 맞아떨어진다는 생각은 변함이 없다.

다음 날, 아파트 현관문을 막 나서는데 필로티에 놓여있는 의자에 누군가의 유화 작품 두 점이 전시되어 있었다. 장미꽃 여러 송이가 그려진 그림이었다. 아침 외출 길에서 만난 붉은 장미꽃이 내 마음을 따뜻하게 했다. 텅 비어 적막하기까지 하던 곳에 놓인 그림 두 점이 사람의 마음을 이렇게 기쁘게 해주다니. 누군가 자기는 필요 없는데 좋은 그림이니 필요한 사람 가져가도 좋다는 뜻이었을까, 아니면 본인의 그림을 전시하고 싶어서였을까. 어떤 뜻이든 참 고마웠다. 다음 날도 또 다음 날도 필로티를 지키며 지나는 사람의 마음을 기쁘게 해준다. 참신한 이벤트처럼 나의 마음이 나도 모르게 힐링이 되고 있었나 보다. '아니 이렇게 고마운 사람이 누굴까?' 그림을 천천히 살펴보았다. 연습 작품이라도 좋다. 완성 작품이면 더더욱 좋다. 싸인이 없으니 누구의 작품인지 통 알 수가 없으나, 한 달 남짓 꽤 오랜 나날을 보고 즐겼더니 그만 정도 들었다. 주인이 몇 호에 사는 사람인지, 고맙다는 인사라도 하고 싶었지만, 그곳에 놓여진 사연과 함께 수수께끼로 남기는 수밖에 없었다. 오가며 보는 사람마다 나처럼 그 주인에게 인사 정도는 하고 싶었을 게다. 버리고 싶은데 좀 아까워서 누구든 좋아하면 가져가라고, 혹은 정말 오며 가며 감상하는 것으로 추운 겨울을 잘 이겨 내라는 격려 차원에서, 아니면 또 다른 깊은 뜻이 있었는지 모르지만 아마도 좋은 뜻이었다고 생각하고 싶었다. '오늘도 있을까' 확인해 보는 마음으로 매번 나의 매서운 겨울 산책을 겸한 외출을 한 것도 같다. 그림의 사랑 덕에 추위를 무릅쓰고 눈 오면 눈 오는 대로 비 오면 비 오는 대로 신선한 공기와 만나고 하늘도 우러를 수 있었다.

어느 날, 귀가하는데 그림이 없다. 나갈 때도 있었는데, 나가고 들어갈 때마다 나 혼자만의 인사를 나누었는데, 그림이 없으니 서운하고 있던 자리가 쓸쓸해 보이기까지 했다. 장미꽃이 삼삼하게 하늘거리며 눈에 어른거렸다. 짧은 시간이지만 그림을 보면서 주고받은 내면의 성찰이 나를 성숙한 노인으로 살아가게 해주는 데 일조를 해준 것 같았는데, 어느 집 벽에 걸려 따스한 시선을 받고 있을 것이라는 생각과 함께 경비원에게 이끌려 소각장으로 던져지지 않았기를 바라 보았다. 용기 있는 어느 사람이 또 다른 그림으로 전시해 주길 지금도 기다린다. 그림의 주인은 알 수 없었지만, 그림 값 높은 화가가 잃어버릴까 두려워서 차마 내놓지 못하는 그림은 아니었을 것이고, 주저하면서 전시했을 화가 지망생이었으리라 미뤄 짐작하면서 계속 정진하기를 빌어주었다.

 이곳은 겸손한 마음으로 배려해 주시는 분들이 많아 살맛 나는 아파트다.

아가페정원을 찾아서

 꽃길을 걷는다. 숲과 나무와 꽃이 어우러진, 그냥 꽃길이 아닌 사랑 길이다. 전주에서 그리 멀지 않은 익산에 들렀다가 지인의 안내로 오후 잠시 둘러보았다. 익산 황등면에 자리한 아가페정원은 평일인 데다가 개방한 지 얼마 되지 않아선지 사람들이 붐비지 않고 아주 조용했다.

 낮이 긴 신록의 계절답게 정원은 한결 아름다운 꽃과 바람과 새소리가 반겨준다. 50년 만에 개방된 비밀의 정원. 멋스럽고 아름답다. 반듯반듯하게 꾸민 정원이 한국정원의 자연을 닮은 듯한 고즈넉한 풍광과는 조금 다른 느낌이다. 울타리 경계를 따라 심어진 메타세쿼이아는 다른 고장의 가로수와 비교도 안 될 정도로 우람하고 수령이 예사롭지 않다. 드라마에 나와 명성을 크게 얻을 만한 숲길을 걷는다. 메타세쿼이아 터널 우거진 숲 사이사이로 내리는 볕뉘가 어깨를 어루만진다. 약 3만 평 정도의 한쪽 땅만 개방했다는데 해바라기를 비롯해 수많은 꽃이 피고 진다. 모두 다 개방하면 장관이겠다. 꽃보다는 숲을 가꾸느라 개방을 늦추는가 보다.

꽃길을 걷다 보니 공작단풍 길이 반겨준다. 단풍나무 그루 그루마다 아름다운 자태를 뽐내는 공작새를 연상케 한다. 향나무 산책길은 향나무들이 하늘의 흰 구름처럼 몽실몽실, 동화 같은 풍경이 떠오르게 한다. 독특한 모양으로 다듬어 놓아 유명 예술 작품처럼 아름답다. 소나무는 소나무대로 우람한 모습으로 의연하게 서서 이 정원의 연륜을 유추할 수 있게 하고 어느 산자락을 거니는 듯 자연친화적인 치유의 숲을 이루고 서 있다. 수목 17종 1,416주가 심어졌다는 인공적이면서도 자연에 가까운 아늑한 숲길을 걷는 색다른 경험을 했다.

풀 냄새 흙냄새를 맡으며 행복한 오후를 만끽했다. 돌아 나오는데 늦게 핀 한 송이 양귀비꽃이 나를 수줍은 얼굴로 환송한다. 주홍색 양귀비의 꽃말인 '덧없는 사랑' 말고 나에게 붉은 양귀비의 꽃말처럼 '위로'를 받으셨기 바란다는 전언을 보낸다.

아가페란 단어는 고대 그리스어로 사랑을 뜻한다. 거룩하고 조건 없는 사랑을 베푼다는 아가페의 이름을 딴 것 같다. 내가 알기로는 사랑은 네 가지 정도 구분해놓은 것으로 알고 있는데(에로스: 남녀 간의 사랑. 필리아: 친구나 동료, 인간에 대한 우정적인 사랑. 플라토닉: 정신적인 사랑. 아가페: 희생적인 신성한 사랑-성 아우구스티누스 주장) 자기를 희생하여 조건 없이 돌봐주고 용서하고 베풀어주는 어머니의 한없는 자식 사랑이 바로 아가페 사랑이다.

이곳은 1970년 고 서정수 신부님이 '아가페정양원'이라는 노인 요양원을 세우고 입원한 환자들을 위해 50년간 정성스레 가꾼 정원이다. 아가페적 사랑으로 몇십 년에 걸쳐 정양원에 모신 분들의 평안한 쉼을 위해 수목 정원을 아름답게 가꾸기 시작하여 사람들의 눈길을 끌 만큼 아름다운 정원이 되었고 2021년 전북특별자치도 제4호 민간정원으로 무료 개방한 덕분에 지금은 많은 여행객이 자주 찾는 명소가 되었다고 한다. 우리도 숙연한 마음으로 조용조용 구경하며 계절마다 오고 싶어진다. 환자들의 여생에 많은 위로와 치유의 사랑을 베푼 신부님께, 또한 그 뒤를 이어 큰 뜻을 이어받아 실행하고 있는 신부님과 종사자들에게 경외심과 함께 깊은 감사의 마음을 보낸다. 불가에서도 말하는 무외시無畏施를 실천한 분들이다.

정원 앞에 있는 아가페정양원은 노인복지 시설로 건강하고 행복한 노후를 위해 몸과 마음의 안정과 휴양을 필요로 하는 사람들을 위해 만든 무료 양로원이다. 이 양로원을 운영하기 위해 '복지'라는 단어가 나오기 전에 자선사업을 시작하였단다. 나무를 심은 이유는 단 두 가지인데 하나는 환자들이 맑은 공기를 마실 수 있게 하려고, 또 하나는 나무를 팔아 양로원 운영비와 생활비를 충당하기 위한 거였으니 얼마나 힘들었을까. 정말 신의 경지에 든 절대적인 아가페 사랑이다.

꽃의 이름은 다 알 수 없지만 넓은 대지에 크고 작은 나무들과 어울려 몸과 마음이 아픈 이들에게 말 없는 가운데 위로를 건네는 꽃들을 보면서 나의 마음이 정화되고 경건하게 된다. 돌아 나오는 길에 수국과 맥문동을 만났다. 맥문동 긴 꽃대에 보라색 꽃이 다닥다닥 피어 그보다 키가 큰 수국과 잘 어울려 살고 있다. 남색의 꽃 주위로 흰 헛꽃이 피어 팔랑거리는 수국의 꽃숭어리는 무거워서인지 고개를 살짝 숙이고 있다. 꽃이 너무 작아 헛꽃을 피워 벌 나비를 유인한다는 수국의 지혜를 배워볼 만하다. 헛꽃이 진짜 꽃인 줄 알고 모여들어 보니 진짜가 숨어있더라는 걸 아는지 벌 나비들도 지금이 한때라는 듯 분주히 드나든다. 수국은 토양에 따라 꽃 색깔을 다르게 내놓는다는데, 거름의 질을 달리한 모양인지 다양한 색 꽃들이 피었다. 이곳은 수국이 화원 분위기를 한껏 돋운다. 나무나 꽃들도 제 할 일이 무엇인지 아는 모양이다. 제가 가진 것으로 베풀기 위해 맡은 바 임무를 다하는 것, 이것도 아가페 사랑이다.

다른 사람을 행복하게 해주면 나도 따라 행복하듯이 행복을 나눠 갖는 곳이 이 아가페정원이 아닌가 싶다. 숲은 숲대로 꽃은 꽃대로 자신의 할 일을 열심히 하며 자연도 동물도 사람도 위로한다. 다른 곳에 있는 나무 꽃들보다 더 귀하게 보인다. 새들의 아름다운 울음소리와 날개 퍼덕이는 소리, 꽃이 벙그는 소리, 그들의 사이를 소요하는 바람 소리에 몸과 마음이 정화되어 새로운 활력소가 충전된다. 누구라 할 것 없이 모두 아름다워질 것 같은 사랑의 향기 가득한 아가페정원에서 여기 계신 노년의 요양 환자들이 하루속히 건강을 되찾아 행복하기를 기원드렸다.

입장료를 대신한 커피 한 잔의 여유로움이 달콤하다.

따꽃

 산바람이 일렁이는 시원한 숲속 대신 에어컨 바람에 더위를 식히며 책을 읽다 말다 하며 하루를 보낸다. 유리창 너머 먼 산을 바라보다 며칠 전 다녀온 공주수국축제장 근처에서 화분에 심겨 있던 채송화가 떠오른다. 얼른 휴대전화에 담아온 사진을 넘기다 보니 따라오는 추억 한 꼭지가 슬그머니 나를 일으킨다. '와! 요, 귀여운 걸 여기서 보다니' 하면서 일행의 재촉에도 한참을 머물며 찍었던 사진이다. 탐스럽고 우아하며 다양한 색깔을 자랑하는 수국축제장에서 볼품없고 초라한 채송화라니 격에 맞지 않으나 눈길이 이 아이에게 먼저 가는 것을 어쩌랴.

 어릴 적 추억이 생생하게 담긴 꽃. 알록달록 색동으로 피어나는 색동 꽃이 아른거린다. 땅에 주저앉아 피는 따꽃이다. 따꽃은 순우리말로 채송화를 말한다. 그때는 모두 단독주택에 살았으니 어느 집에나 채송화가 지천이었다. 그때는 앉은뱅이꽃이라고도 불렀다. 봉숭아 맨드라미 같은, 저보다는 훌쩍 큰 키로 여름철 소박한 뜨락을 환하게 밝히던 그 아래 아래에서 땅과 합일되어 피었다. 모두 다 하늘을 우러러 키를 높여도 나는 땅, 그대와 함께 그대의 너그러운

품을 떠나지 않을 거라는 언약을 실천하듯 작으나 강인하게 빨강, 분홍, 노랑, 주황, 하양 웃음을 터뜨리며 너그럽게 앉아 있던 꽃이다. 양지바른 땅만 있으면 스스럼없이 무리 지어 자기 영토를 넓혀 죽죽 뻗어난다. 씨앗은 잘 벼려진 연필로 콕콕 찍어놓은 듯 아주 작아서 눈에 잘 보이지도 않는데 그리 작은 씨에 질긴 생명력을 담뿍 품고 있었다니 경이롭기까지 했다. 자신의 고유성을 잃지 않고 간직하였다가 이어주는 굳건한 힘은 끈질긴 외침外侵을 견뎌온 우리 조상을 닮은 듯도 하다.

  어느 집에서는 담 밑에서 해바라기와 함께, 다른 집에선 장독 주위에서 맨드라미와 함께 자랐다. 누가 굳이 씨를 받아 심지 않아도 땅에 떨어진 씨가 모진 겨울을 견디고 다음 해 여전히 그곳에서 모습을 보여주었다. 꽃말은 '가련, 순진'이라 하는데 내 생각에는 겉모습일 뿐이고 그의 생명력과 자긍심은 꽃말과는 거리가 멀다. 혹시 풀 뽑던 누구의 손에 꺾여 시들어가면서도 인내심을 가지고 기다리다 땅과 만나면 금방 뿌리내려 땅과 한살이 되는 질긴 꽃 중의 하나다. 언젠가부터 외세에 밀린 우리 전통문화처럼 이들도 밀려나 자취를 찾기 어렵게 되었다. 요즘은 온고지신溫故知新 정신으로 선조들의 발자취를 귀히 여기며 다시 계승 발전시키려는 움직임이 일어나고 있는데 참 좋은 일이라 여겨진다. 우리 어려서는 흔하던 물건들이 박물관에나 가야 볼 수 있는 것들이 많다. 그래도 독지가들이 수집해 놓은 유물들이 적지 아니 보존되고 있어 한편 위안이 되나 우리가 모르고 있는 잃어진 것들은 또 얼마나 많을 것이며 각 나라에 흩어진 유물들은 또 얼마나 많을 것인가. 개화기를 일제 압제하에서 보냈으니 말살되었을 문화유산은 얼마나 많을 것인가. 따꽃을 보니 고난을 겪었던 우리의 선조 민초들이 생각난다.

길고 긴 가뭄에도 잘 견디며 색동옷을 입고 언제나 맨 앞자리를 지키며 사람들과 친근한 꽃이었으며, 동네 곳곳에 지천으로 흐드러지게 피던 꽃. 천진스럽고 겸손한 그 꽃이 외국에서 들여온 크고 화려한 꽃에 밀려 온데간데없이 사라져 가고 있다. 어찌 채송화뿐이랴만.

그런데 내 기억의 채송화는 마루 아래 댓돌 주위를 맴돌아 핀 채송화가 제일 멋지고 예쁘다. 그 옛날, 우리 집은 마당이 없는 건물이어서 꽃을 심을 장소가 없었다. 그러니 마당이 있는 친구네 집에나 가야 볼 수 있었다. 그 집에 핀 여러 가지 꽃을 보러 갔는지 친구를 만나러 갔는지 모를 정도로 그 친구의 집에 심어져 있던 꽃들을 사랑했고 그 친구가 부러웠던 추억이 있다. 요즘처럼 꽃이 흔하지 않던 시대에 내 마음속에 핀 사랑 꽃이다. 놀랍게도 남아메리카가 원산지라는데 한국의 토종 꽃이 된 듯 친근하다. 이름도 참 예쁘다. 여름 꽃밭의 보석이라고도 부를 정도로 채송화는 옛날 어른들의 추억의 꽃이다. 쪼그리고 앉아 누구를 기다리는 것 같은 모습으로 귀엽고 앙증맞게, 가장 낮은 자세로 흔들리지 않고 피는 그 아름다운 미소를 어이 잊을까. 쫓기듯 살아온 삶의 굴레 안에서 아파트라는 비좁은 공간을 활용하다 보니 그만 잊고 살았다.

수국을 보러 갔다가 새록새록 피어오른 채송화에 대한 추억. 한 가지 꺾어가던 어떤 할아버지도 아마 이 작은 꽃에 얽힌 추억이 생각나서였나보다. 추억을 소환하듯 기르고 싶었겠지. 옛날부터 꽃도둑은 도둑이 아니라 했다. 담 너머로 꽃을 기르는 집을 보면 심성이 곱고 좋은 품성을 지닌 사람들이 사는 집이라 생각했단다. 꽃을 기르는 집 처자들을 며느리로 삼는 사람들도 많았다 한다. 동물이나 식물을 좋아하는 사람 치고 거친 사람은 없다 하니 맞는 말인 듯하다.

동요 〈꽃밭에서〉가 떠오른다. 우리 시대 많이 부르던 이 동요도 옛 노래가 되었다.

♪ 아빠하고 나하고 만든 꽃밭에
채송화도 봉숭아도 한창입니다.
아빠가 매어놓은 새끼줄 따라
나팔꽃도 어울리게 피었습니다. ♪

나의 마음에 채송화가 가득 피어난다. 키는 작지만 내 마음속 세상에서 가장 화려하게 계속 피고 지며 앞으로도 오랫동안 끈기 있게 살아있으리라.
나도 씨앗을 구해 다육이 사이에 심어두고 재미에 더해 내면의 아름다움을 충전해야겠다. 작은 베란다이지만 햇빛과 바람을 많이 받도록 배려해 주며 면면히 이어가도록 해줘야겠다.

버스가 곧 내 발

요즘은 시내버스를 타면서 하루를 여는 것 같다. 백수가 과로사한다는 우스갯소리처럼 매일같이 나갈 일이 생겨 버스와 함께한다. 예전엔 남편과 승용차를 타고 자유롭게 일을 보곤 했다. 나이 들어 운전면허증 반납 후에는 택시를 주로 탔다. 하지만 집 근처에서 급할 때 택시 잡기는 힘들었다. 그리고 콜택시도 출퇴근 시간은 아예 우리 동네까지는 오지 않았다. 애들은 계속 택시를 타고 다니라고 성화를 해대며 카카오택시 앱을 핸드폰에 깔아주었지만, 가끔 나가는 외출이라도 택시 요금은 우리 같은 서민에겐 만만치 않다.

은퇴한 지 오래지만 몇십 년간 출퇴근하던 습관이 우리를 집에 묶어두지 않는다. 그렇다고 서둘러 쫓아가야 할 곳이 있는 건 아니다. 가도 그만 안 가도 그만이나, 한번 시작하면 쉽게 그만두지 않는 성격이 우리를 부추기고 스스로 짜놓은 날마다의 프로그램을 충실하게 따라다니게 한다. 시간에 매이던 날에 비하면 얼마나 느긋한가. 시간만 맞춰 나가 있으면 값싸고 커다란 버스가 스르르 와서 어서 타라고 문까지 열어준다. 얼마나 고마운가. 버스에 올라탈 힘이 있을 때까지는 왕 버스와 친구 하는 게 더 편할 것 같다.

금년 들어 버스 노선을 재조정했는지, 그동안 몰랐든지, 이리저리 찾아보니 일단 내가 가고자 하는 곳과 가까운 쪽으로 가는 어느 버스든지 오는 대로 타고 가다가 정해진 시간 안에 환승을 하면 거의 못 가는 데 없이 데려다준다. 환승제도도 고맙고 늘어난 버스 노선도 고맙다. 이제 버스를 타는 게 더 편리하다. 그러다 보니 버스는 나와 친해져 '내 발'이 된 셈이다.

우리 집 앞을 지나는 버스는 이름 대신 번호로 통한다. 3000번대 두 대, 5000번대 두 대, 100번대 한 대가 수시로 다니므로 집이 외곽에 있어도 버스를 잘 활용하면 환승 두어 번이면 사통팔달, 전주 시내 어느 곳이든 갈 수 있다.

환승 체크도 처음에는 깜빡 잊고 그냥 내리기 일쑤였는데 정신을 똑바로 차리니 습관이 되어 실수도 없어졌다. 이제는 노선이 머리에 입력되면서 어느 정류장에서 환승하면 최소한의 요금과 최소한의 시간으로 목적지에 갈 수 있다는 걸 알게 되었다. 버스 노선의 그림이 자동으로 그려지면서 뇌의 활동도 활발해짐을 느낄 수 있다. 아마도 다른 노인들 못지않게 우리도 무서워하는 치매 걱정도 조금은 줄어들지 않았을까.

버스에 오를 때 교통카드를 찍으면 "감사합니다" 한다. 그런데 타는 사람에 따라 대답이 다르게 나온다.

"반갑습니다."

"고맙습니다."

"정기권입니다."
"환승입니다."
"잔액이 부족합니다."
"카드를 한 장만 대주십시오" 등등.

타는 사람에 따라 차등 요금을 받아내는 앵무새처럼 정확하게 읽어낸다. 운전기사는 그 앵무새의 말을 듣고, 사람을 살피고 혹시 있을지도 모르는 부정 승차를 구별하니 운전자의 기억력과 감식안도 상당 수준이다. 이것도 요즘에는 흔한 일상이 되고 있는 AI 기술인가 보다. 안내원이 따로 있어서 요금을 받고 버스 문을 탕탕 치면 운전자가 출발하던 시대를 거친 옛날 사람인 것을 잊고 산다. 참 좋은 세상이라며 놀라지만 알게 모르게 변하는 일상에 우리도 길들여져 익숙해지고 오히려 다음에는 얼마나 다양하고 신기하며 편리한 변화를 맞이하게 될지 은근히 기다린다. 젊은이들에겐 핑핑 돌아가는 세상이 당연하겠으나 우리에겐 따라가기 어지러운 반면 스릴이 느껴지기도 하니 꽤나 흥미롭다.

다른 도시는 이용해 보지 않아서 모르겠으나 전주 시내버스를 이용할 때 은행 계좌에서 후불되는 교통카드가 있는데 그보다 더 편리한 정기권이 새로 나왔다. 일정 금액의 정기권을 사면 30일 동안 하루에도 몇 번이고 버스를 탈 수 있다. 환승 걱정 없이 가고 싶은 곳이 있으면 어디든 갈아타며 찾아갈 수 있다. 은퇴자 백수에게 맞춤형인 것 같아 우리는 정기권을 즐겨 사용한다. 정기권을 사용하다

보니 교통비와 시간이 절약되고 편리하게 이동이 가능하다. 핸드폰에 입력된 즐겨찾기 버스 노선을 확인하는 재미도 쏠쏠하다. 정류장에서도 내가 타야 할 버스가 언제 오는지 알려주지만 내 머릿속에 입력된 정보를 꺼내 쓰는 것이 가장 편하다는 생각으로 나 스스로가 내비게이션이 되기도 한다.

 관심을 가지면 보이듯이 시간을 좀 투자하여 대중교통을 이용하면 좋은 점이 많다. 그중에 여러 정류장을 지나가며 타고 내리는 사람들의 모습에서 희로애락이 묻어나오고, 운전자의 성격은 물론이고 승객들의 성격까지 엿보인다. 그날 날씨와 거리 풍경을 즐기는 것도 한몫한다. 편리하고 재미있으면 왜 안 타겠는가. 이것도 자신이 찾아 만들면 된다. 값이 싼 대신에 여러 사람이 같이 이용하며 정류장마다 쉬어야 한다는 게 어찌 생각하면 단점이 될 수도 있지만, 정류장마다 지닌 고유한 색깔이 보여 좋다. 가령 한옥마을 가까이에 있는 정류장은 지붕이 비록 철판이나 플라스틱 같아 보이지만 한옥을 본딴 지붕이라든가, 외곽으로 갈수록 비 가림, 해가림 시설이 되어있어서, 차를 기다리는 시간을 알려주고 어디쯤 오고 있다는 안내까지 해준다. 여름철에는 선풍기도 틀어주고 겨울철에는 몸을 녹이며 기다리라고 의자에 열선을 깔아 따뜻하게 해준다. 그리고 바람을 막아주는 배려까지 해주니 얼마나 고마운가.

 정기권을 사용하면서 내가 갈 곳으로 가는 최단 거리 환승 정류장을 찾다 보니 자연히 머리도 굴려보고 새로운 버스 노선과 목적지

고유 번호를 알게 되고, 또 잘못 탔더라도 그곳에서 다시 환승 방법을 찾게 되는 매력적인 일에 기분이 좋아진다. 이렇게 대중교통은 생각하기에 따라, 이용하는 방법에 따라 편리하고 알뜰한 '내 발'이 된다.

전주시도 대중교통 혁신으로 시민의 삶의 질이 향상되도록 새로운 교통 정책을 추진하는 데 힘쓰고 있다니 다행이다. 2030년까지 중앙 차로를 이용한 버스 전용 길을 만드는 계획 중에 있다고 한다. 그러면, 잘은 모르지만 도심에서 빠져나가고 들어오는 길목마다 교통 체증이 좀 더 해소되리라는 기대를 해 본다.

지구의 기후 위기를 초래하는 탄소 배출의 주범 중 하나인 자동차가 차지하는 부분이 상당하다 한다. 지구를 구하는 일 중 내가 할 수 있는 일 중에 가장 간단한 일이 대중교통 이용하기이니 더 열심히 버스를 탄다. 이렇게 편리한 교통 체계를 모르고 이제껏 멀다 싶으면 택시에 의존했으니 '일거양득', '알아야 면장'이라는 옛말이 실감 난다.

이런 것 말고도 우리만 모르고 남들은 진즉부터 알고 이용했을 여러 가지 멋진 일들이 얼마나 많을 것인가. 세상은 앞으로 또 어떻게 변하며 우리를 편하게 해줄까, 기대감 만발이다.

딸각 각시와 뜯개 각시

어느 시대를 살아가든지 여인이라면 반짇고리 하나씩 품고 산다. 나 역시 평생 반짇고리를 털어내지 못하고 지금까지 간직하고 있다. 직장 따라 집을 떠나 있었던 새파란 청춘 때부터 줄곧 나를 보필해 주었다. 그 속에 담긴 입안에 혀 같던 영민함과 민첩함을 잊지 못한다. 흠집 난 옷가지나 구멍 난 양말, 곧 떨어져 나갈 듯 맥없이 고개 숙인 단추, 그뿐 아니라 삶 구석구석에서 삐져나오던 상처의 마무리는 여인의 할 일이었다.

신부의 혼수품으로 반짇고리는 필수였다. 그 속에는 여인이 바느질할 때 사용하는 도구인 규중 칠우(七友: 자, 가위, 실, 바늘, 골무, 인두, 다리미)가 들어있었고 친정어머니는 고된 시집살이에 부족함이 없으라는 염원과 함께 크고 작은 바늘 몇 쌈지와 굵고 가는 무명실부터 명주실까지 몇 타래씩 장만하고 골무도 몇 개씩 색색으로 예쁘게 만들어 넣어 보냈다. 손안에 쏙 들어오는 앙증맞은 작은 다리미 인두와 판板은 또 어찌나 사랑스럽던지. 여류 수필의 백미로 꼽히는 「조침문」이나 「규중 칠우 쟁론기」에 나오는 일곱 가지 바느질 도구가 얼마나 옛날 여인에게 필요한 물건이었는지, 또 풍족하지 못하고 고단했던 삶을 살았는지 엿볼 수 있을 것이다. 그 옛날 재봉틀이 일반화되기 전 여인들의 섬섬옥수를 통해 옷을 지어 입을 때 꼭 필요했던 일곱 친구를 담았던 반짇고리는 시집가는 여인에게 아주 소중한 예물 중의 하나였다.

세상은 참 많이 달라져서 바늘질은 여자들만의 전유물이었는데 남성들도 옷을 짓게 되고 양장점, 양복점이 생기더니 기성복을 대량 생산해 내는 회사가 생겨나면서 그마저도 사양길로 접어들어 찾아보기 힘들어졌다. 물밀듯 쏟아져 나오는 옷을 각자의 눈높이에 맞춰 시장이나 백화점에서 골라 사 입으면 되는 편리한 사회가 되었다.

나의 반짇고리도 한 사람의 지어미가 되고 어미가 될 때부터 나의 젊음과 함께 곁을 말없이 지키더니 사회의 변화를 따라 점차 사용 빈도가 낮아지고 퇴물이 되었다. 유난히 사용 빈도가 높아서였을까. 충실한 내 삶의 조력자는 그를 싸고 있던, 알록달록했던 천이 퇴색되고 헤어지고 닳아서 볼썽사나워지더니 마침내 힘에 겨운 듯 손잡이마저 흔들거리다 그만 제구실을 못 하고 떠나버렸다. 시대를 잘 타고난 나에게 반짇고리는 더 이상의 필수품이 아닌 추억이 어린 아까운 물건 중 하나가 되었다.

지금도 현모양처나 얌전한 이의 반짇고리는 세대를 이어 제구실을 하고 있겠지만 아마도 대부분은 나처럼 거추장스럽고 커다란 반짇고리보다는 바늘 몇 개와 몇 가닥씩 묶은 색색의 실만 좀 챙겨놓는

형편인 것 같다. 닳지도 않고 헤어지지도 않는 플라스틱 반짇고리, 그것도 반짇고리는 반짇고리다. 실용성과 보관성을 고려한 아주 현대적인.

이제는 소소한 고장은 몇 걸음만 옮기면 쉽게 찾을 수 있는 수선집이나 세탁소에 맡기면 된다. 간단한 것부터 복잡한 것까지 마법의 손처럼 수선을 해주니 편리하고, 신속하고 솜씨가 서툰 본인보다 더 나을 터이니 좋다. 듣자니 덜렁거리는 단추 하나만 고쳐 달려 해도 세탁소로 쫓아가는 사람이 많다니 세상은 참 편리해졌다 해야 하나, 뭐라 해야 할지 모르겠다.

그런데 얼마 전, 오랜만에 문갑을 정리하며 까맣게 잊고 있던 가위 두 점을 찾았다. 주인을 잘못 만나 잊혀진 소중한 증표, 어머니의 고단한 삶과 정이 서려 있는 무쇠 가위다. 가위의 생김새는 거의 비슷하게 보이지만 조금 더 크고 무거워 보이는 것은 친정어머니의 가위다. 아마도 어머니가 더 이상 바느질을 할 수 없게 되자 내게 온 것이고 손잡이가 조금 얇고 작은 것은 어머니가 혼수로 사주신 내 것이다. 어머니의 사랑으로 어린 딸이 쓰기에 편하라고 날렵한 가위를 넣어주셨을 것이다. 볼수록 손때 묻은 무쇠 가위는 묵직한 손맛이 요즘 찍어 만든 하루살이 같은 가위와는 비교도 안 된다. 이 아이가 지쳤다 싶을 때 숫돌에 살살 밀어 그동안 수고한 때를 벗겨주면 다시 새것처럼 날이 서고 잘 잘라지기도 했다. 더 오랜 시간이 지나면 골동품으로 여길 생활 민속품이 아닐까. 언젠가 가본 진안 마이산에 있는 가위박물관에도 이런 무쇠 가위가 전시되어 있었다.

무쇠 가위 두 개를 놓고 살짝 고민에 빠졌다. 쓰지도 않는 가위를 두 개나 욕심 사납게 갖고 있을 게 아니라 한 개는 큰딸에게 또 하나는 작은딸에게 물려주고 싶다. 집안 가보처럼 대대손손 물려쓰기를 희망하면서.

나의 글 쓰고 그림 그리는 어설픈 재주를 곱게 보아준 큰딸은 가끔 저에게는 물려주지 않았다며 푸념 섞인 말을 자주 해왔다. 하지만 큰딸은 바느질에 관심을 두고 직장 생활 틈틈이 생활한복도 만들어 입는다. 언제 배웠는지 남편에게 셔츠와 바지도 만들어 세상에서 하나밖에 없는 옷을 만들어 입히기도 했다. 올여름에는 우리 부부에게도 집에서 입으라고 시원한 천으로 반바지와 민소매 셔츠를 만들어 주었다. 만드느라 힘은 들었을 테지만 돈 주고 사주는 것보다 얼마나 정겨운가. 생활에 필요한 취미를 가졌으니 대견하다. 올여름은 더위가 심했는데 딸의 정을 입고 시원하게 보낼 수 있었다. 올해뿐일까, 내년에도 후년에도 입을 수 있을 텐데, 내년에도 또 만들어 드릴 테니 즐겨 입으시라는 말을 덧붙이니 더 고맙다. 딸애의 손재주도 만만치 않은 거로 보아 나한테서 물려받은 재주보다 더 큰 재주를 타고난 것 같아 흐뭇했다.

그러다 보니 수건 한 장이면 아들들 웃옷 한 점씩은 뚝딱 만들어 입혔던 일이 생각난다. 아이들이 어렸을 적 한여름이면 하루에 옷을 몇 벌씩 벗어내기 일쑤였다. 연년생인 아들들은 개구쟁이여서 둘이 셋 노릇을 했다. 여름엔 옷 한 벌이 반나절도 못 견뎠다. 임시방편으로 얇은 수건을 반으로 접어 머리가 들어갈 정도로 잘라 목 주위를 코바늘로 빙 둘러 주고 양 옆구리는 끈을 달아맬 수 있게 해서 몇 개 만들어 주면 여름은 금방 지나갔던 듯하다. 얇으므로 만들기 쉽고 시원하고 손으로 조물조물해서 널면 바로 마르므로 여름 동안 고실고실한 웃옷 대용으로 안성맞춤이었다.

아이, 어른 할 것 없이 달랑거리는 단추, 구멍 난 양말 같은 건 곧바로 반짇고리에 들어있는 칠우로 상처를 만져주면 어느 정도 원상 복구가 되었다. 단추야 실로 단단히 달아주면 되지만 양말 구멍은 상태에 따라 양말 속에 백열등 알전구를 넣고 촘촘히 꿰매어 구멍을 메웠다. 어머니께서 마련해 주신 반짇고리 안의 칠우 덕분이었다. 그 시절 반짇고리는 나의 애장품이었다.

친정어머니는 딸각 각시와 뜯개 각시 이야기를 자주 하셨다. 그 뜻을 요약하자면 여자의 임무는 밥하고 바느질하며 아이들을 잘 건사하고 집안 살림을 규모 있게 해야 어진 엄마에 좋은 아내를 뜻하는 현모양처가 된다며 한 가지 일을 해도 야무지게 해야 한다는 걸 강조하셨던 것 같다. 예를 들면 딸각 각시는 밥 한 상 차려내는데 부엌에서 딸가닥, 딸가닥 소리만 내면서 제대로 된 밥상을 차려내지 못함을 비유했고, 뜯개 각시는 옷 한 벌 짓는데 꿰맸다, 뜯었다 반복하면서 제대로 된 옷 한 벌 만들어 내지 못함을 비유한 말이 아닌가 싶다. 그만큼 밥상을 제대로 차려내고, 옷 한 벌 제대로 만들어 낼 수 있어야 한다는 어머니의 당부가 아니었을까. 아낙들의 조심스러운 손길을 강조하신 딸각 각시, 뜯개 각시 이야기, 그 말씀 덕에 소리 없이 소박한 살림을 이끌어 왔음을 감사한다.

말의 힘

세 번째로 내가 손수 그린 그림을 곁들인 동시집을 발간하였다. 여러 군데 나누어주고 나니 격려의 말과 글이 쏟아진다. 감사하는 마음과 함께 또다시 훑어보니, 부끄럽게도 그림과 글이 맞지 않는 게 하나 발견되었다. 앗, 나의 실수. 인쇄 직전까지 편집자와 함께 샅샅이 살핀다고 했어도 발견하지 못한 것이 이제야 눈에 도드라진다. 글 내용으로 봐서는 까치를 그렸어야 되는데 비둘기가 떡 하니 앉아 있는 게 아닌가. 어린이들을 비롯한 독자들이 볼 때 '까치와 비둘기도 구별 못 하는 작가가 무슨 글을 쓴다고?' 할 것 같아 얼굴이 달아오른다. 혼자서 찜찜한 속앓이가 머리를 짓누른다. 어느 날, 후배와 전화 끝에 불편한 속내를 털어놨더니 후배의 격려가 일품이다. "걱정하지 마세요. 까치가 앉아 노니는 것을 보고 비둘기가 찾아와 같이 놀자고 하는데 그 속사정도 모르고 까치가 피해버렸어요. 유유상종類類相從이라고 날개가 있으면 같은 민족인 줄 알았는데 동상이몽同床異夢이었더라. 오히려 재미있는데요. '꿈보다 해몽'이라는 고사를 증명한 고전 춘향전도 생각나게 하네요. 일석이조一石二鳥에 독자에게 그 동시의 뒷얘기까지 이어 보게 하는 상상력까지 부추기니 선생님은 사람에 따라서는 일석다조一石多鳥도 할 수 있다는 사실을 몸소 보여주셨습니다" 한다. 그럴싸하다. 한바탕 웃으며 나의 실수를 서로 주고받으니 과연 그렇게 읽어줄까, 의심스러우면서도 부끄러움이 좀 가신다.

몇 해 동안 준비한 동시를 그 내용에 맞춰 그림을 그려 넣으려니 못난 그림 솜씨가 또 무참했는데 오히려 동시에 맞는 분위기이며 기성작가의 잘생긴 그림을 곁들인 것보다 훨씬 풋풋하고 정감 있다는 말까지 곁들여주니 용기가 솟는다. '또 모아서 한 권 더?' 하는 욕심까지 발동시킨다.

말 한마디에 천 냥 빚 갚는다는 말이 있는데, 우리나라 국민이라면 누구나 자랑스럽게 기억하는 역사적인 일화가 있다. 고려 초 문신 서희가 거란의 소손녕과의 담판으로 자칫 큰 대란으로 이어질 뻔한 전투를 인명이나 재산의 피해 없이 끝냈다는 고사는 지금까지도 명 외교의 한 축으로 기록되고 있다. 이와 같이, '세 치 혀'의 위력이란 침소봉대針小棒大도, 봉대침소棒大針小도 야기시킨다. 후배의 장난기 어린 해석이 내가 들고 있는 봉대棒大를 침소針小 시켜주었다. 한결 가벼워진 마음이 된 건 사실이니 더 고맙다.

칭찬은 고래도 춤추게 한다는 말의 뜻은, 오랜 교단 경험으로 얻은 지혜와 닮아있다. 성적이 오르거나 선행을 했을 때 그 아이를 등에 업고 교실을 한 바퀴 돌아주곤 하던 일이 있었다. 얼마 동안 계속했는지 이제는 잘 생각나지 않지만 60대에 접어드는 제자들까지 감사하는 마음과 함께 전해주는 이야기에서 내가 참 좋은 일을 했구나, 하는 느낌 속에 아이들과 함께했던 지난날들의 필름이 급히 휘리릭 지나간다. 그 기억을 간직한 아이는 어떤 꿈을 간직하며 살았기에 오래전의 일을 지금까지 잊지 않고 있었을까. 무슨 이유를 대든 다 한 번씩은 업어주려고 했으나 늦게 차례가 된 아이들은 차별을 느끼지 않았을까, 뒤늦은 후회도 되었던 일이다. 나는 좀 무뚝뚝한 성격인지라 내 아이들이나 학교 아이들에게나 칭찬에 인색하지 않았을까 반성도 해 보는데 좋은 일로 기억해 주니 그 제자들 역시 고맙다. 중국 다섯 왕조의 재상을 지낸 풍도馮道는 말조심하라는 말을 시로써 다음과 같이 일렀다. 웬만한 실력이면 비교적 읽기 쉬운 편안한 한자라 기억해 둠직해서 옮겨적어 본다.

    입은 재앙을 불러들이는 문이요 (구시화지문, 口是禍之門)
    혀는 자신을 베는 칼이니 (설시참신도, 舌是斬身刀)
    입을 닫고 혀를 깊이 감추면 (폐구심장설, 閉口深藏舌)
    어디를 가더라도 몸이 편안하리라 (안신처처뢰, 安身處處牢)

조선 왕조, 명재상 황희 정승의 일화도 있다. 국가의 중대한 일이나 큰일에는 청렴으로 솔선수범을 실천했고, 신중하였으나 융통성 있는 포용력과 소통력을 겸비했다고 알려져 있다. 아랫사람들의 시샘에 겨운 투정에 "네 말도 옳다. 네 말도 옳다"하며 달래준 일화는 인간에 대한 이해와 존중의 태도가 74년이라는 공직 생활을 별 탈 없이 이어가게 했음을 짐작하게도 한다.

"말로써 말이 많으니 '말 말을까' 하노라." 『청구영언』에 나오는 작자 미상의 경구 같은 시의 한 구절이다. 말을 잘하면 본전치기, 못하면 오히려 해를 입으니 아예 말을 하지 말자는 뜻도 포함되어 있다. 무슨 일이든 잘하는 것은 응당 그리해야 하는 것이고, 잘못하는 말은 듣는 이에게 상처를 주거나, 돌고 돌아 화살이 되어 자신에게 되돌아오기 쉽다. 그러니 작가도 말 말을까 한다고 했을 것 같다. 그런데 본인은 이런 뜻으로 말했는데 듣는 사람이 자신의 자아가 강해서 방향을 다르게 알아들을 수도 있고 본인의 말하는 솜씨가 그리 정연하지 못하니 내 본뜻을 잘 표현하지 못할 때도 있어 오해를 사기도 한다. 나는 양쪽의 경우가 다 나에게 해당하니 "말 말을까 하노라"이다.

내 실수를 재미있게 풀어 격려해 준 후배의 재치에 빗대어 말에 대한 여러 가지 소회를 풀어보았다.

꿈을 좇는 어른 아이

　나의 어렸을 적 꿈은 무엇이었을까. 나의 인생 테이프를 뒤로 되돌려 따져보고 되새겨보니 별것 없다. 나는 지금 생각해도 '꿈을 찾는 아이 어른'일까. '꿈을 찾은 어른'일까. 어리둥절할 뿐이다. 그저 내게 주어진 임무 수행에 따라 행했던 결과가 지금의 나를 있게 했다고 본다. 내가 글을 쓴다는 건 상상도 못 했었다. 난 문학소녀도 아니었다. 단지 내가 맡은 아이들에게 '어떻게 하면 좀 더 잘 가르칠 수 있을까' 하는 고심 끝에 무딘 연필 하나 들고 문학의 길로 들어섰다. 내가 먼저 알아야 한다는 생각 하나만으로 시작했던 글짓기 공부는 까마득했다. 그러나 바쁜 시간 쪼개어 여기저기 유명 작가들의 강의를 쫓아다니며 깨알같이 메모하며 숱한 귀동냥 눈동냥에 가르치는 것을 넘어 나의 글쓰기에 대한 욕심과 솜씨가 늘어간 듯하다.

　만만치 않았던 지난날을 되새겨 보니 노후에 성숙하고 여유롭게 인생을 살아가는 길을 찾은 것 같다. 일상에 명예퇴직이라는 단락으로 마침표를 하나 찍고 오로지 나를 위한 세월을 보내면서, 고생 끝에 얻어내는 지혜가 나의 참 지혜라 생각하고 지금까지 더디 더디 글 꽃을 피우는 중이다. 가르치면서 배운다 했던가. 내가 그런

격이다. 그러니 아직은 꿈을 좇는 아이 어른이 분명한 것 같다.

1960~1970년대쯤엔 아이들의 꿈은 대통령이 대부분이었다. 좀 더 낮추면 훌륭한 사람, 선생님 정도에서 머물렀던 것 같다. 간혹 면서기가 되고 싶다고도 했다. 펜대를 굴리며 사무실(의자와 책상이 있는, 여름에는 비교적 시원하고 겨울에는 따스한)에 앉아 자신들의 동네 민원을 도맡아 해결해 주던 '훌륭한 사람'이었다. 대통령이 되고 싶다고 하면 "아따 그 녀석 꿈이 크기도 하네, 꼭 그렇게 되어라. 그러려면 공부를 열심히 해야지"로 마무리되곤 했다. 태어날 때부터 농사꾼인 부모들은 어떻게 해야 공부를 열심히 하는 것인지도 모르면서 자식들은 자신처럼 농사꾼 되지 말고 열심히 공부해서 대통령이 되려 하다 보면 그 아래 면장이나 군수라도 되지 않겠나 하는, 공부에 한이 맺힌 부모들의 바람이었다. 대대로 이어 내려온 양반 문화, 비단 옷을 떨쳐입고 높은 당상에서 글을 읽고 시를 짓는 양반들의 부드럽고 하이얀 손을 경외심으로 바라보고 부러워했을 터, 내가 가진 것은 시답잖고 남이 가진 것이 더 값있게 보이는 것이 인지상정이지만 계급사회 시대였으니 어쩌랴. 그러나 한편 생각하면 가진 자는 지키기 위해, 한편으로 더 가지기 위해, 못 가진 자는 조금이라도 가지기 위해 노력했던 결과로 우리나라는 이만큼 발달한 것 같다.

당신들은 평생 뼈 빠지게 해·비·바람 등 고맙고 야속한 자연에 맞서며 추우나 더우나 밖에서 힘들었으므로 나의 자식들이 하이칼라, 즉 흰 와이셔츠에 넥타이를 매고 정장 차림의 자식이 자전거라도 타고 관공서에 출근하면 흐뭇하기 짝이 없었다. 옛날 텔레비전

인기 드라마 〈전원일기〉에서도 자전거에 도시락을 싣고 출근하던 큰아들을 자랑스러워하던 장면이 지금도 가끔 생각난다. 지금은 그때의 자전거가 승용차로 업그레이드되었다. 자가용 붐이 막 일어나던 때였다. 어느 분의 수필에서 아들이 운전하는 자가용의 뒷좌석에 타고 가며 보는 아들의 뒷덜미가 그리 듬직해 보였다던 글을 읽은 적이 있다. 그분의 글에서 여러 가지 깊은 뜻을 유추해 볼 수 있지만, 오래전에 읽었는데도 지금까지도 떠오르는 까닭은 아마도 나도 그 심정에 어느 정도 동감을 하였으니 그럴 거라고 생각된다. 가난한 나라의 백성이었으므로 자가용은 얼마나 호사를 누린다고 생각하였을까 짐작이 가지 않은가.

고와 보이던 양반 문화와 총과 칼을 들고 위협하던 일제강점기의 침략자 관리들이, 농자천하지대본農者天下之大本으로 알던 순박한 우리 농민들에게 농사를 힘들고 천한 직업으로 알게 한 까닭이다. 우리의 의, 식, 주를 찬탈한 것도 모자라 의식까지 좀먹어버린 행태 탓이다.

지금은 대통령, 훌륭한 사람 되겠다는 어린이들은 아마 거의 없을 듯하다. 요즘은 비교적 구체적인 꿈을 꾼다. 의사, 학자, 공무원, 경찰관, 작가, 시인, 가수 등등 직업도 종류가 다양해졌고 목표 의식도 뚜렷하다. 꿈을 성취하기 위해서 어떤 공부를 어떻게 해야 하는지도 거의 명확하다. 길 안내도 잘 되어있고 참고서나 석학들의 연구 문헌도 차고 넘친다.

바람처럼 지나간 세월, 아쉬움이 많다. 그 바람을 정면으로 맞으면서 한 가정의 두 번째 기둥으로, 밖에서는 교사로, 여분의 삶에선 수필가로 시인으로 동시 작가로 부족하나마 자리매김을 하였다. 지난해에는 내가 지은 글에 내 손으로 그린 그림을 넣은 동시집을 출간하기도 하였다. 괄목하다라고까지는 못하지만 되돌아보니 어느 정도 꿈은 이루어 낸 듯싶다. 그러다가도 나의 꿈은 무엇이었을까, 나는 나의 꿈을 찾은 어른일까, 아직도 꿈을 좇으며 찾고 있는 아이 어른일까, 꿈만을 좇다가 여기까지 와버린 어른은 아닐까, 되새김질해 보니 왠지 마음이 스산하다.

 벌써 내 나이 미수米壽. 그러나 꽃보다 눈부신 새날을 기대하며 희망이 아직 남아있다고 여긴다. 이제까지 잘 살아왔다는 기념으로 주변에선 그간 틈틈이 써 놓은 수필 원고를 정리하여 수필집을 발간하자고 한다. 넌지시 생각이 동하여 정리하다 우두커니 앉아 나도 모르게 드는 생각의 편린이 머릿속을 굴러다니며 미수에 수필 꽃 한 아름 피우고 싶어진다.
 늙어가는 길을 막을 수는 없다. 마음은 아이 어른인 채 수필과 시, 동시와 더불어 동고동락했던 긴 세월, 이제껏 그래 왔듯이 앞으로도 가고 싶은 길을 멈추지 않고 최선의 삶을 찾아 건강하고 즐겁게 나날을 보내리라 또 다짐한다. 더도 말고 덜도 말고 지금같이만 지내면 좋겠다. 마음과 달리 잘 그려지지는 않으나 내 멋대로 그림도 그리고 봉사하는 삶도 유지하고 싶다. 한 해, 또 한 해 감사하며 좋은 글 많이 읽고 많이 쓰면서 작심삼일이 되지 않기를, 언제까지나 꿈을 좇는 어른아이이기를 소망해 본다.

나의 생활을 이겨 내려고, 내 주변을 아름답게 생각하려고 애쓴 흔적, 나도 그 안에서 행복하였노라는 자위를 겸해서 총 일곱 번째, 수필로는 세 번째 집을 지어 내놓는다. 부끄러우나 자랑스럽게 여기려 한다.

김연주 수필집
붉은 햇살 품은 나이테

초판 발행일 2025년 7월 21일

지은이 김연주
펴낸이 임만호
펴낸곳 창조문예사
등 록 제16-2770호(2002. 7. 23)
주 소 서울특별시 강남구 압구정로 404, 2층(청담동) (우 : 06014)
전 화 02) 544-3468~9
F A X 02) 511-3920
E-mail holybooks@naver.com

책임편집 김종욱
디자인 이선애
제 작 임성암
관 리 양영주

ISBN 979-11-91797-76-3 03810
정 가 13,000원

※ 잘못된 책은 바꾸어 드립니다.

이 책의 발간비 일부는 전북특별자치도문화관광재단의 지원을 받았습니다.